JUEGOS
DE AVENTURA PARA ADULTOS
LABERINTOS FANTASTICOS

ActivityCrusades

Publicado por Speedy Publishing Canada Limited

2

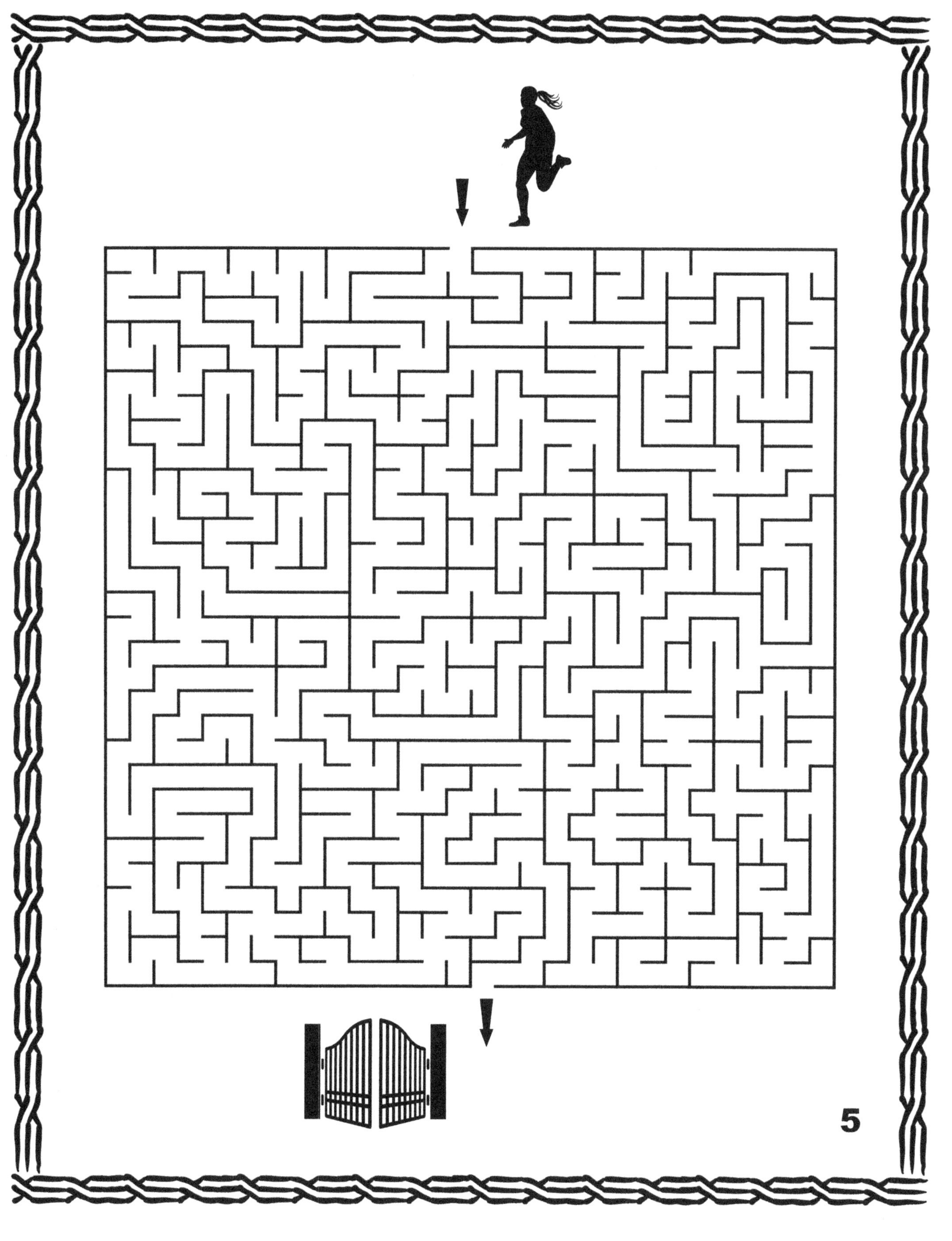

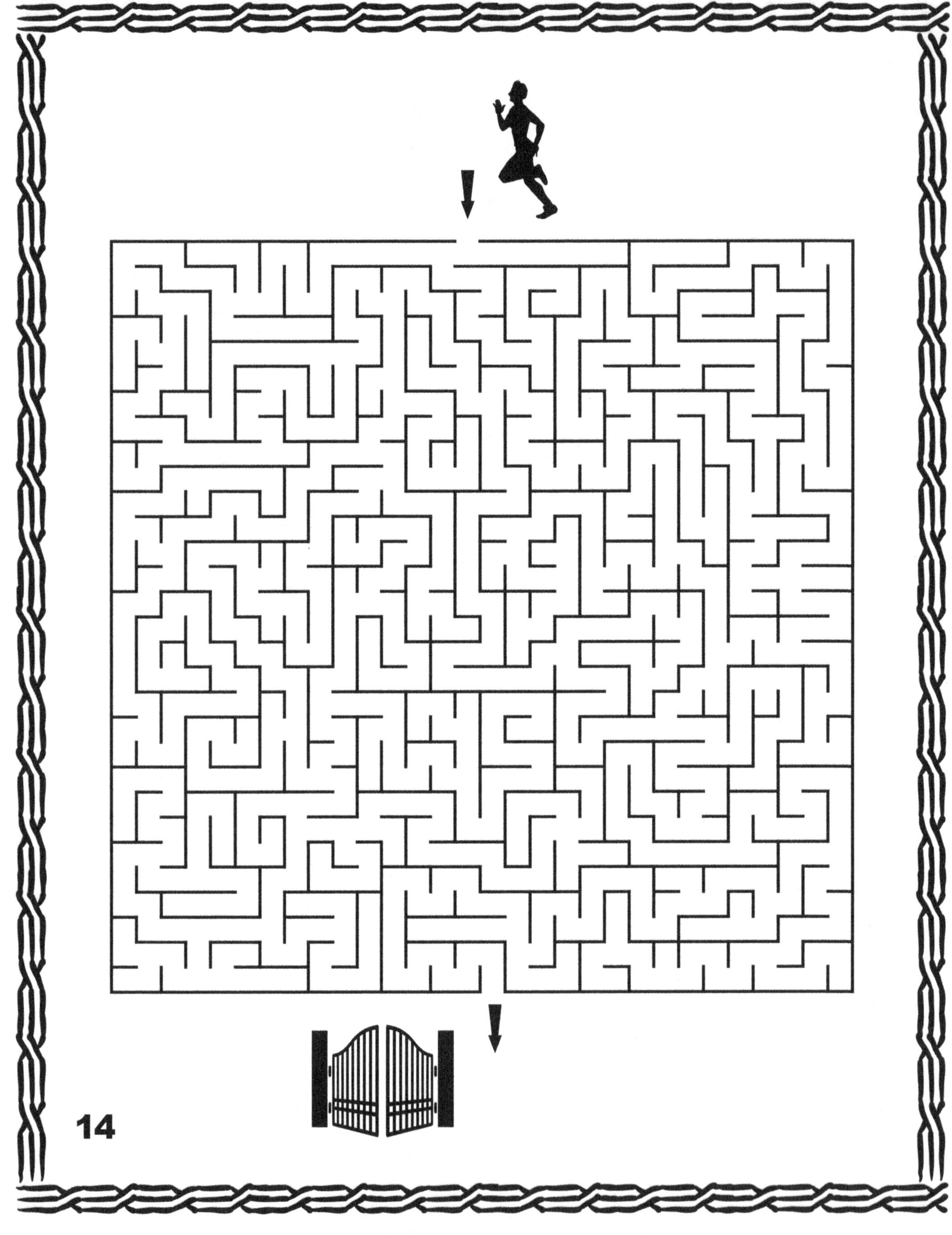

14

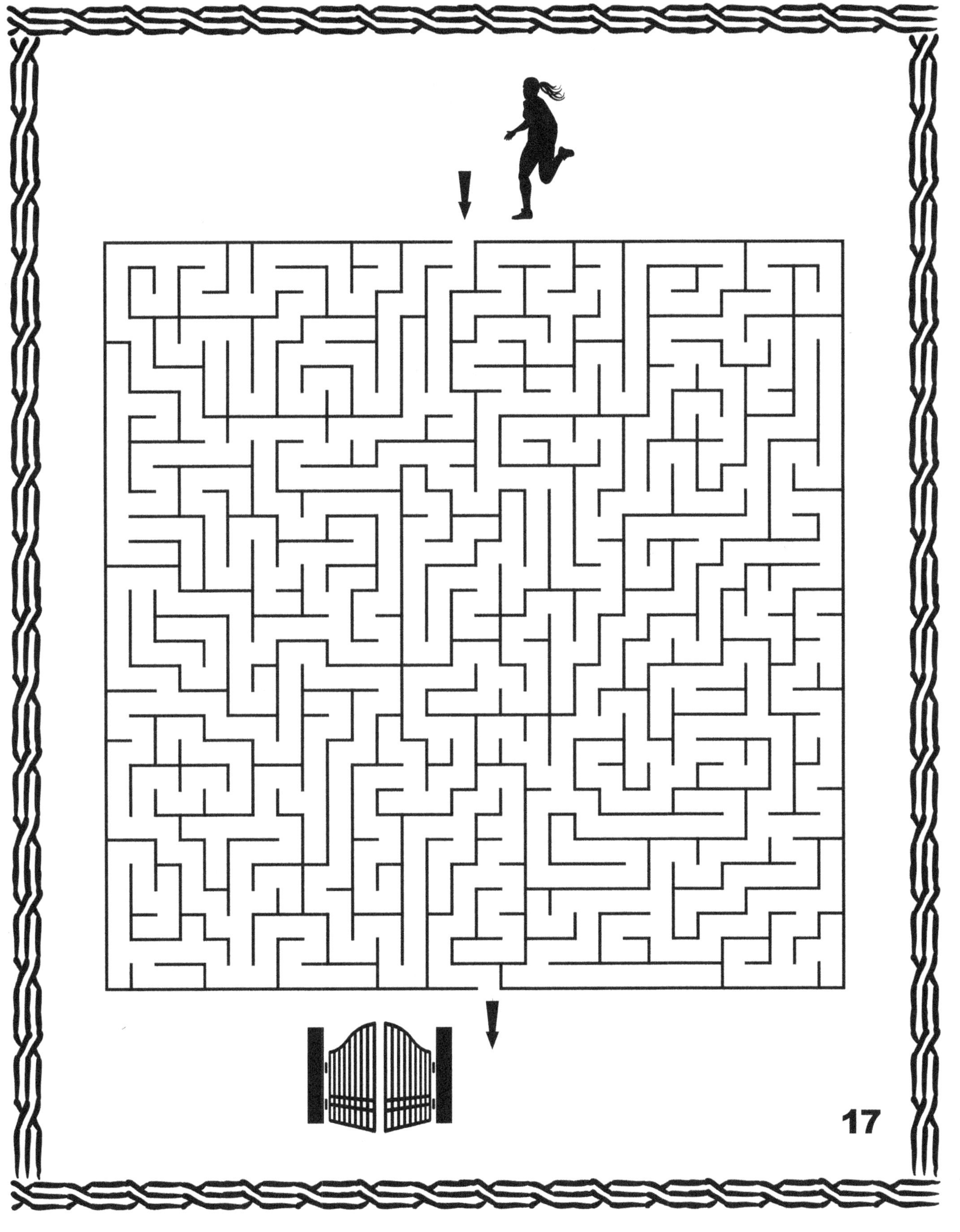

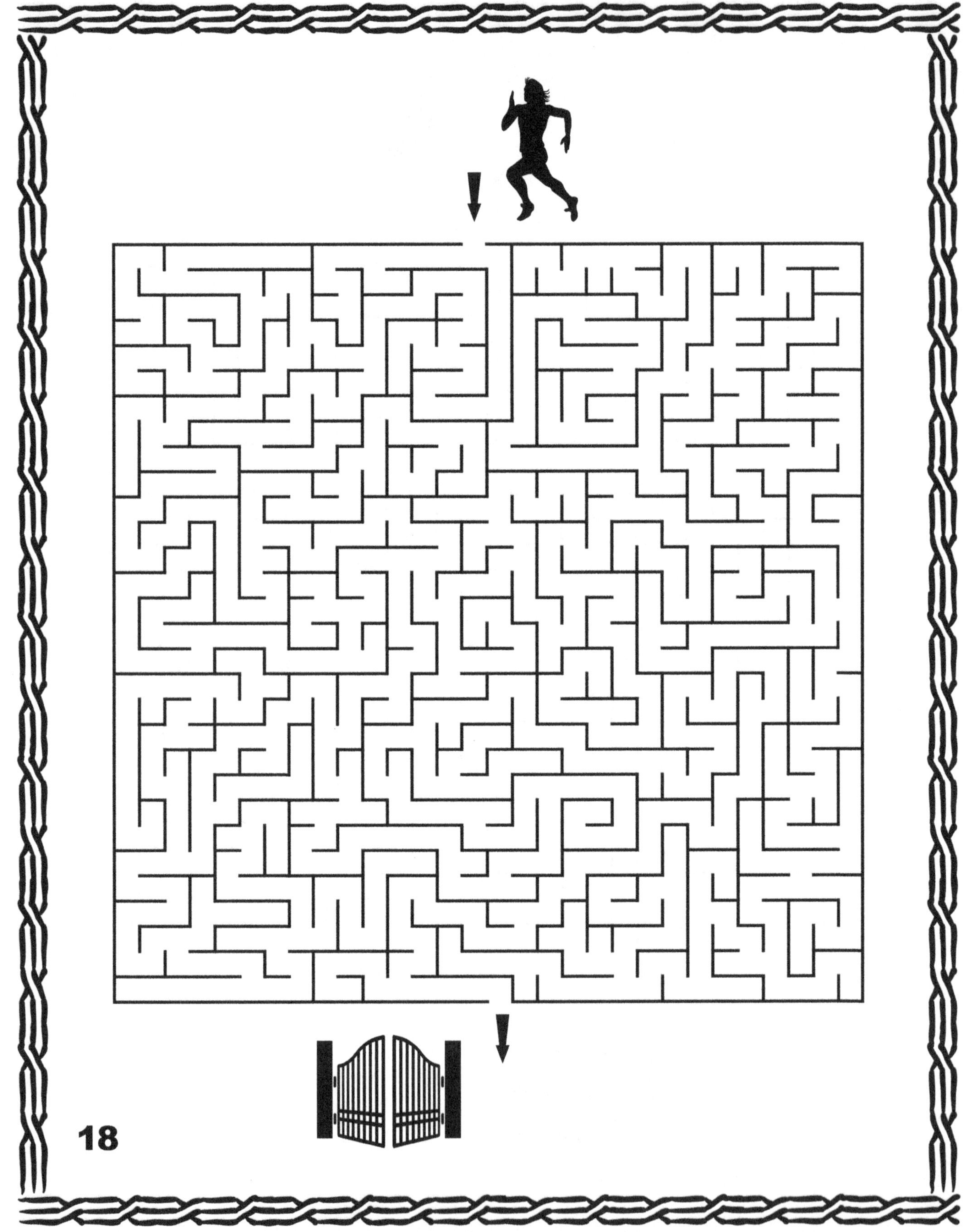

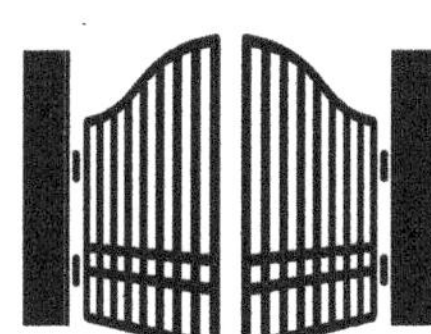

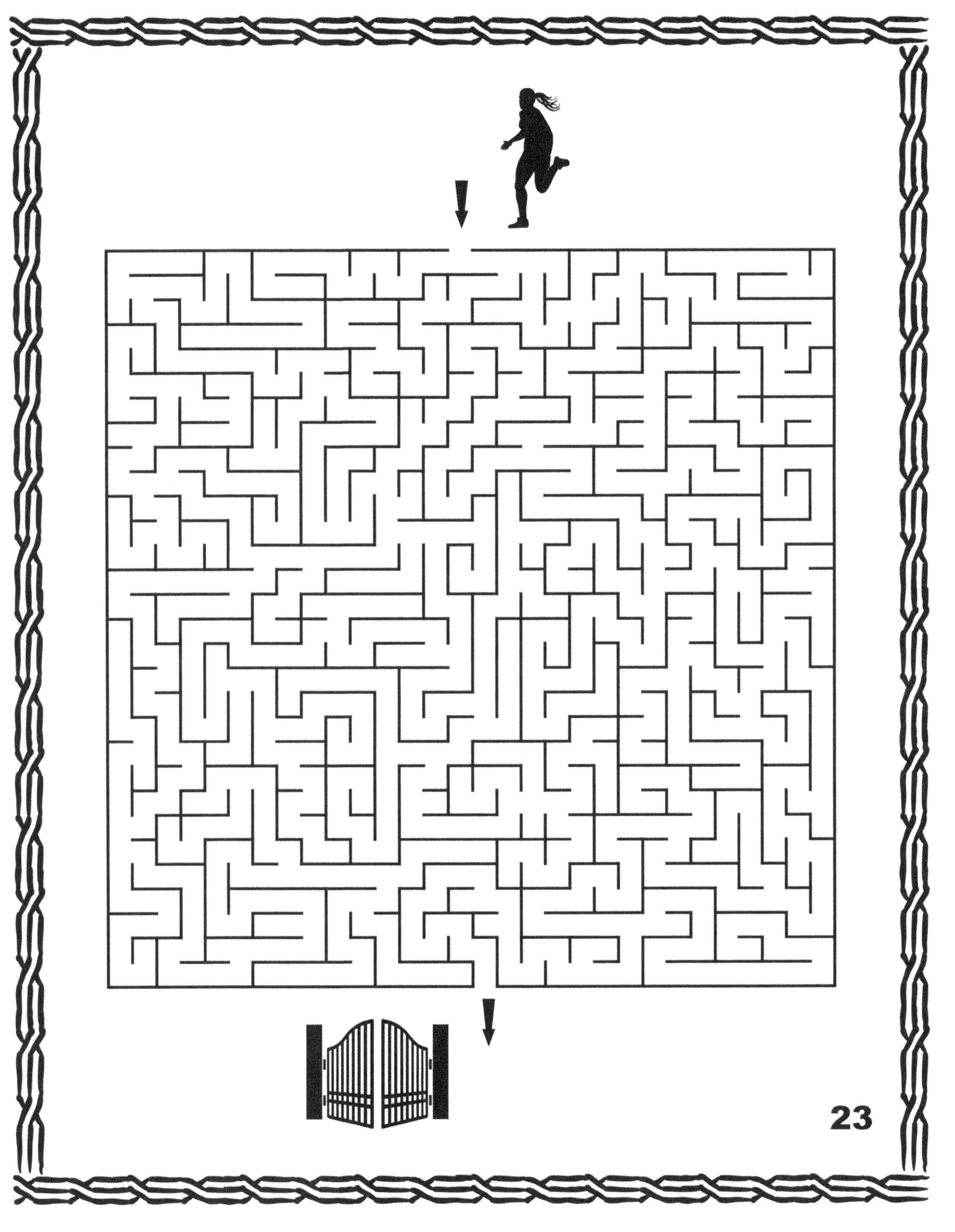

23

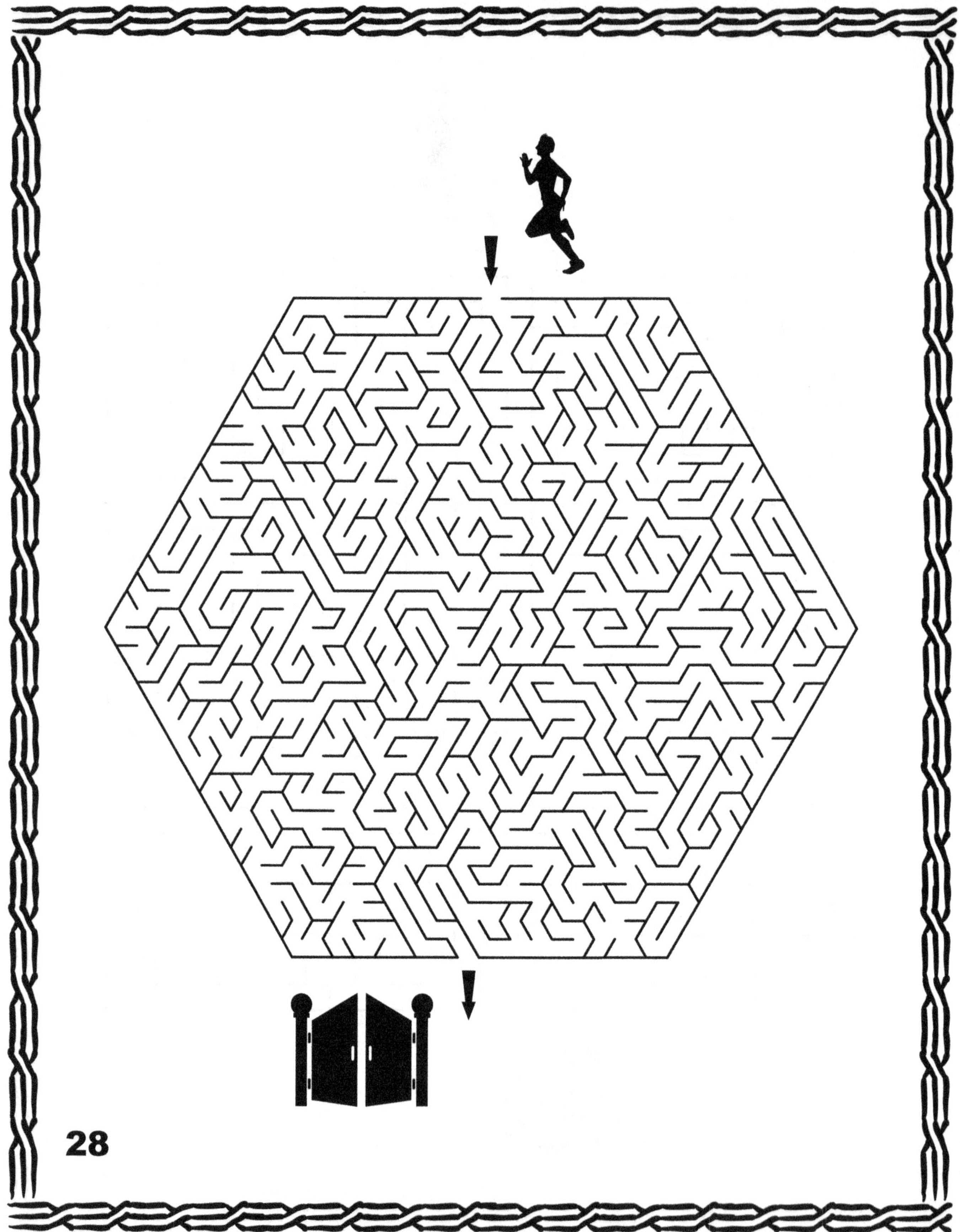

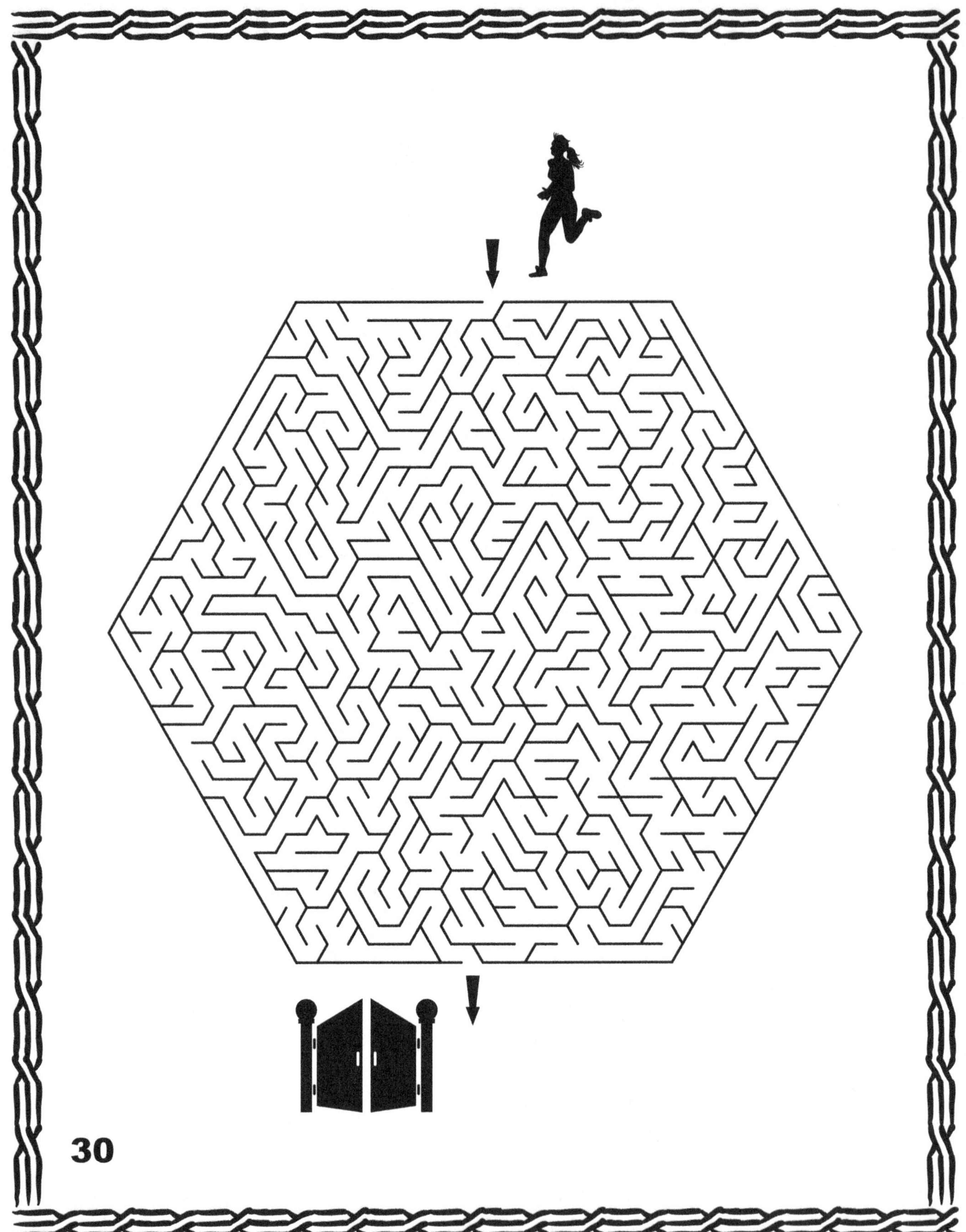

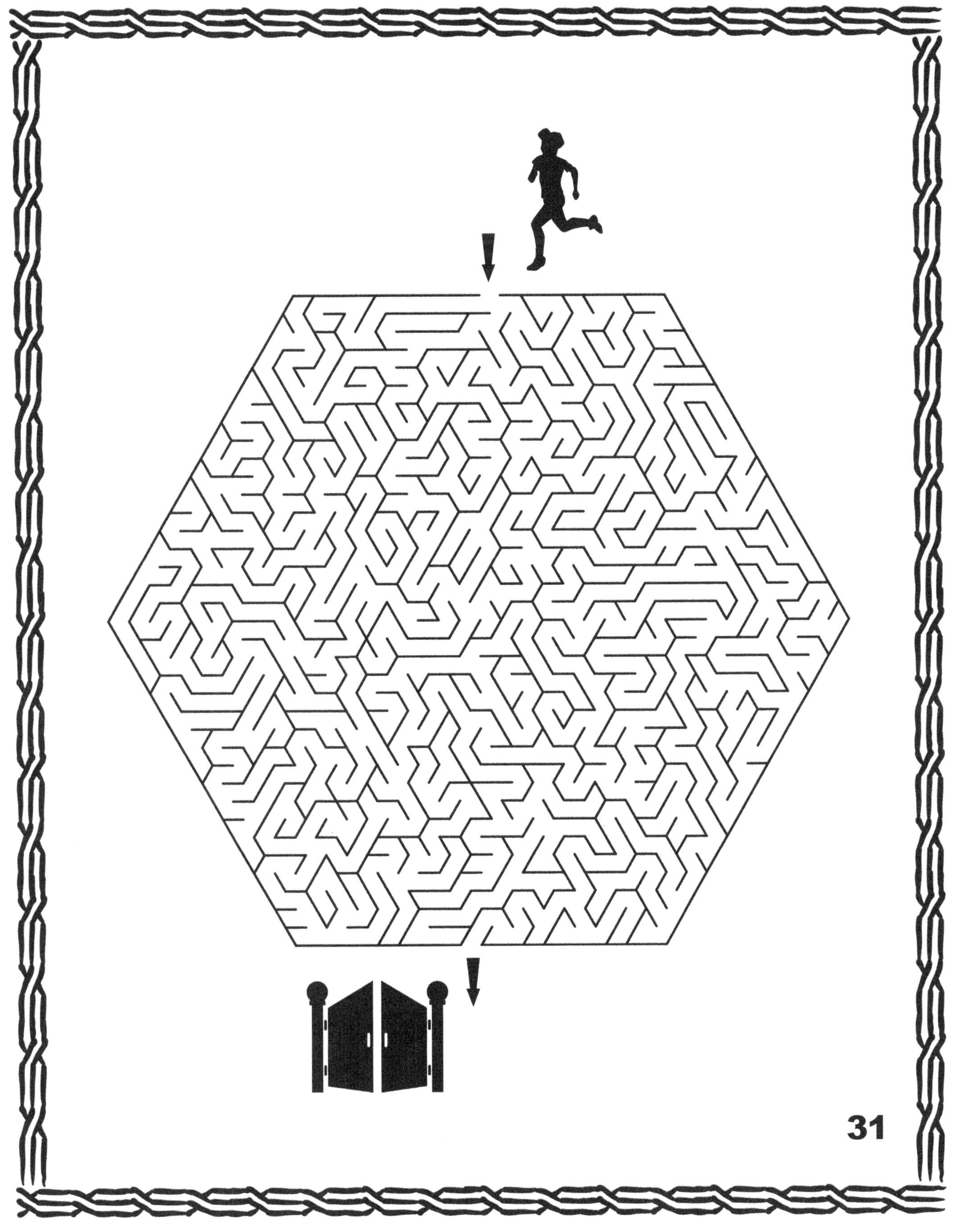

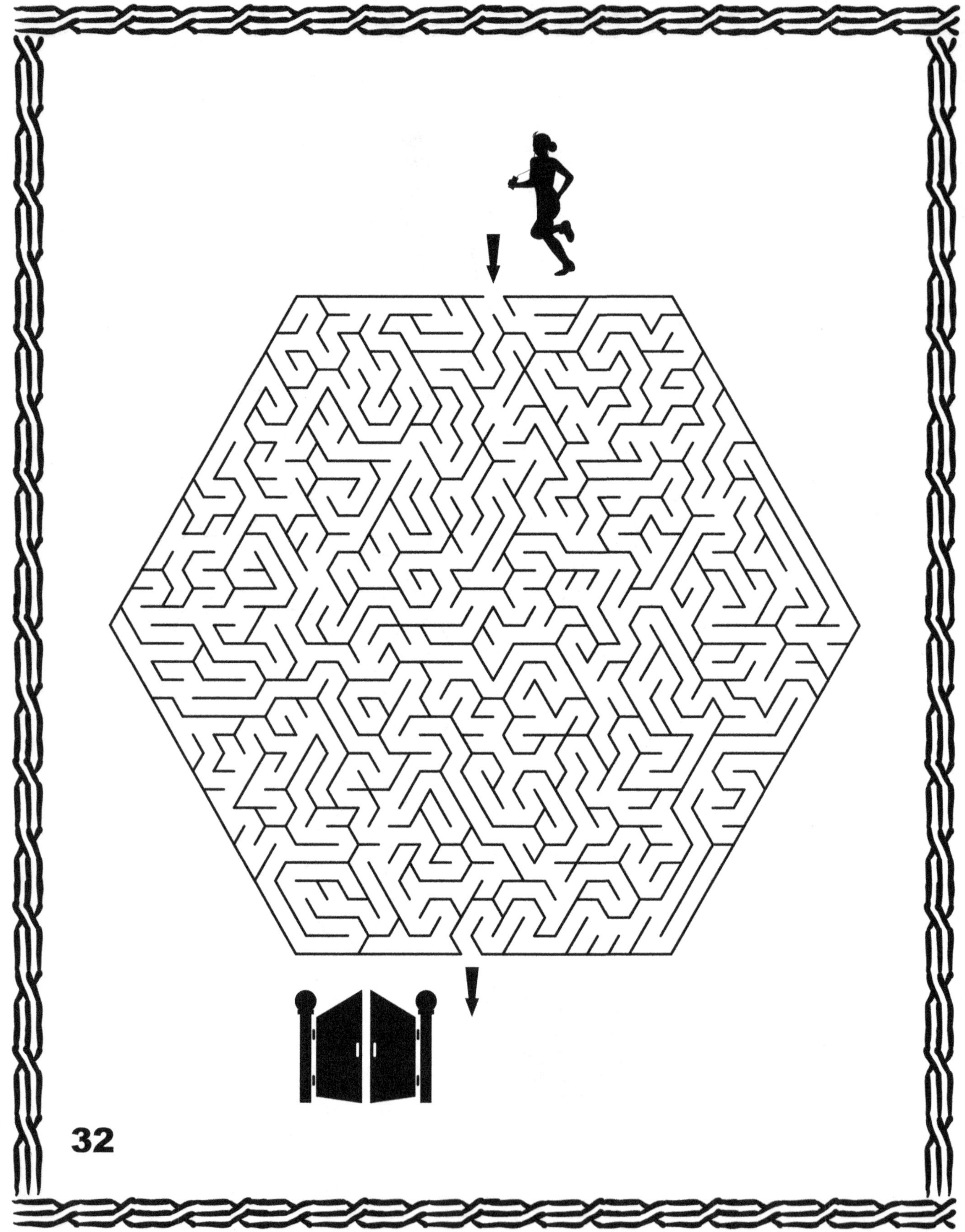

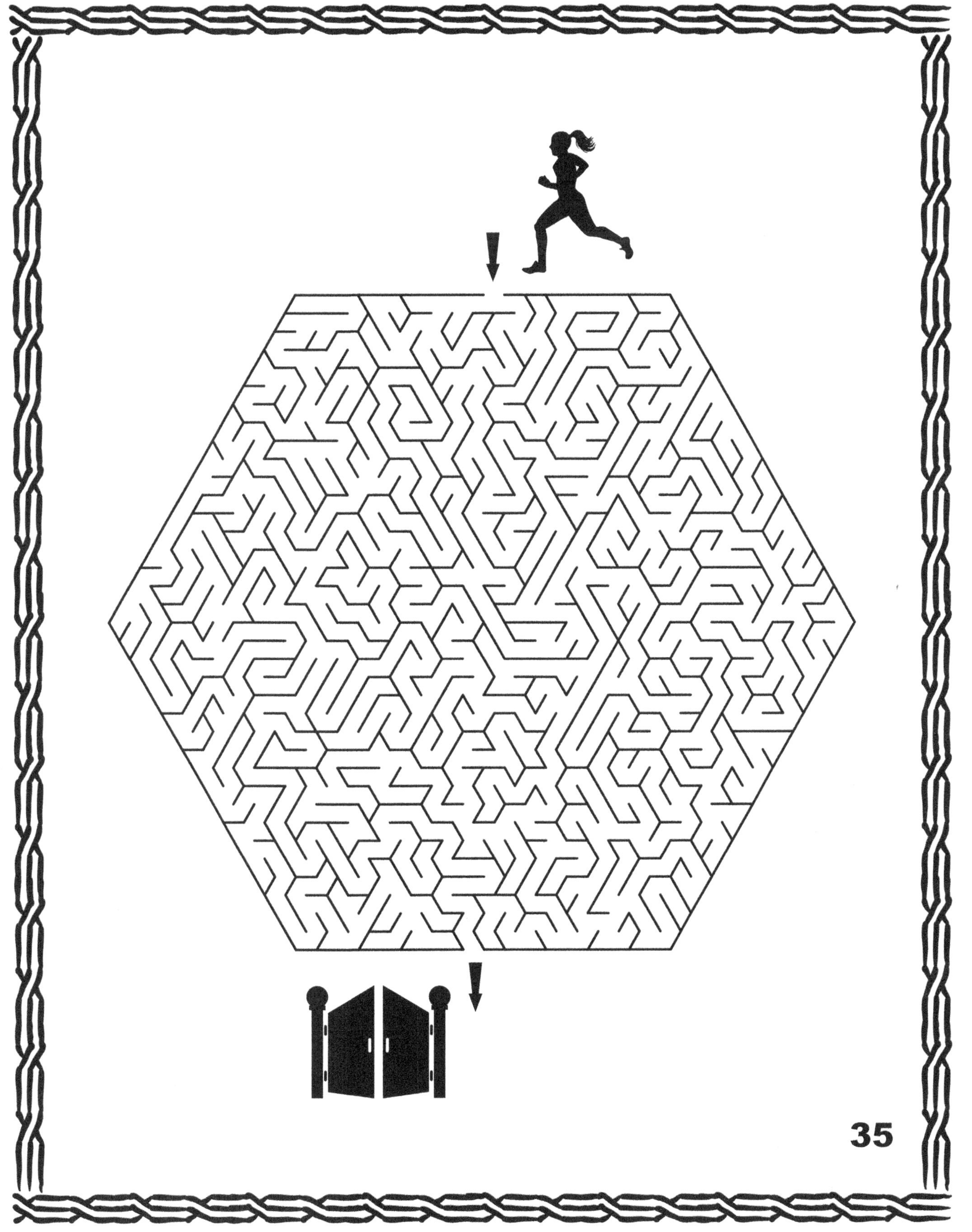

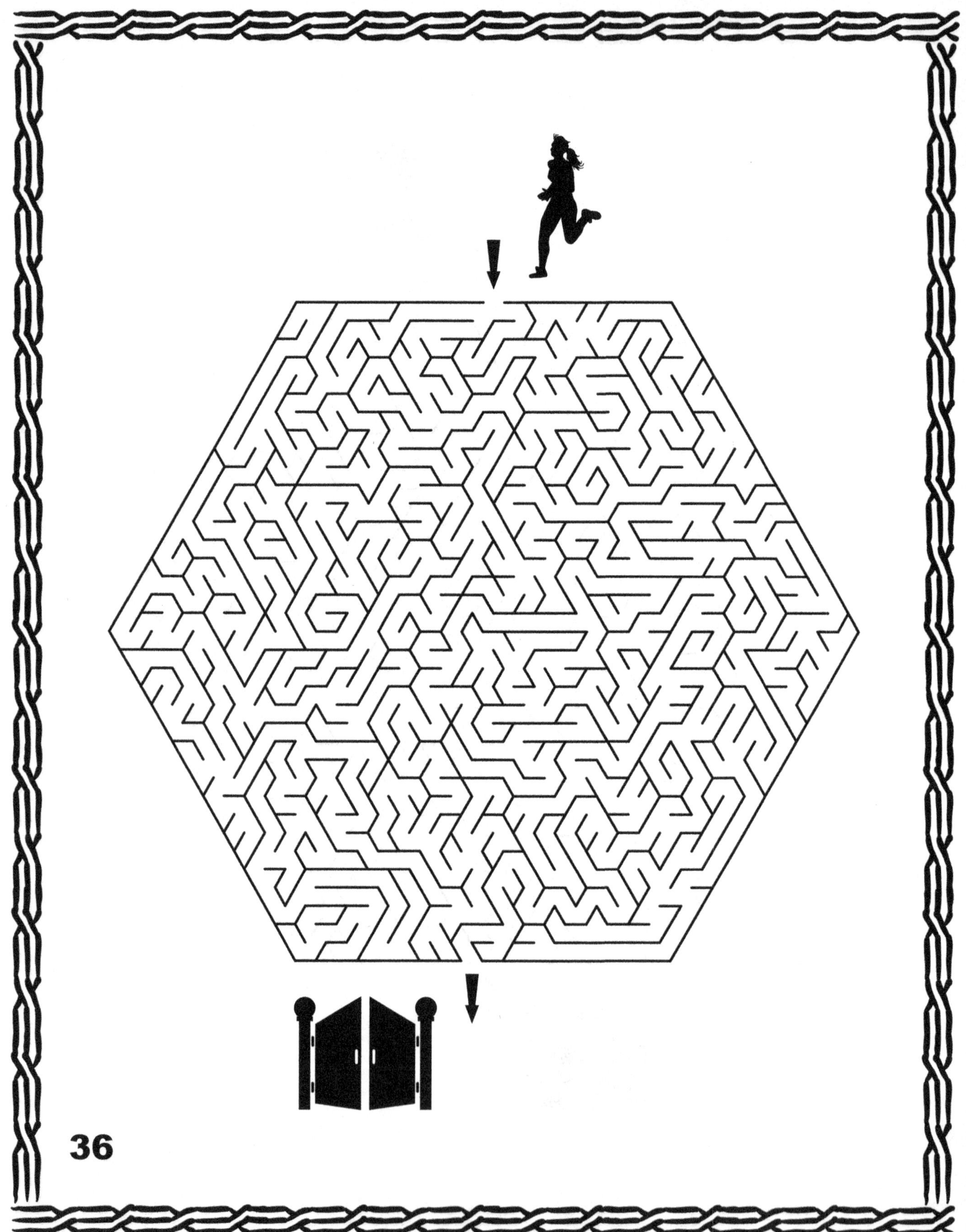

37

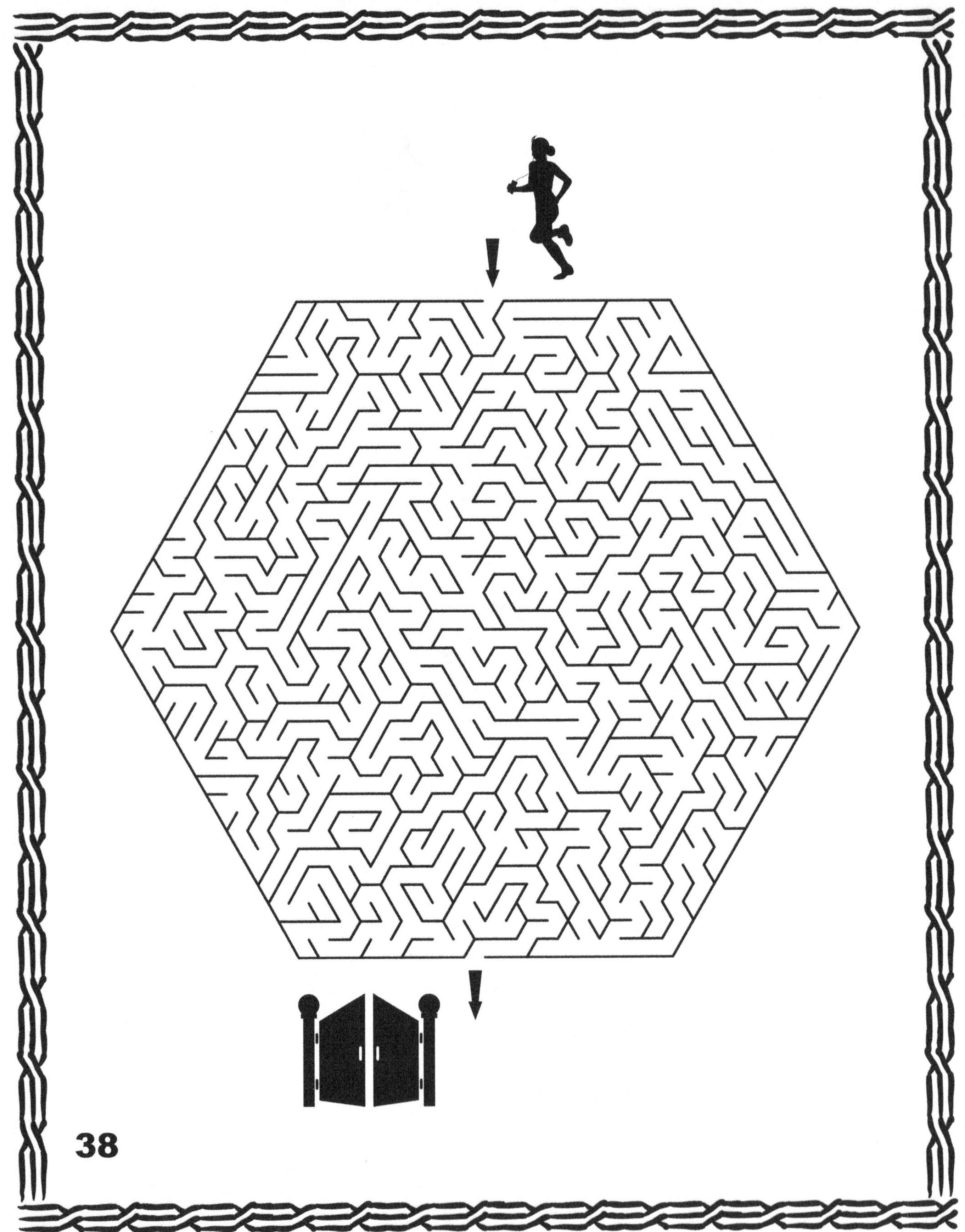

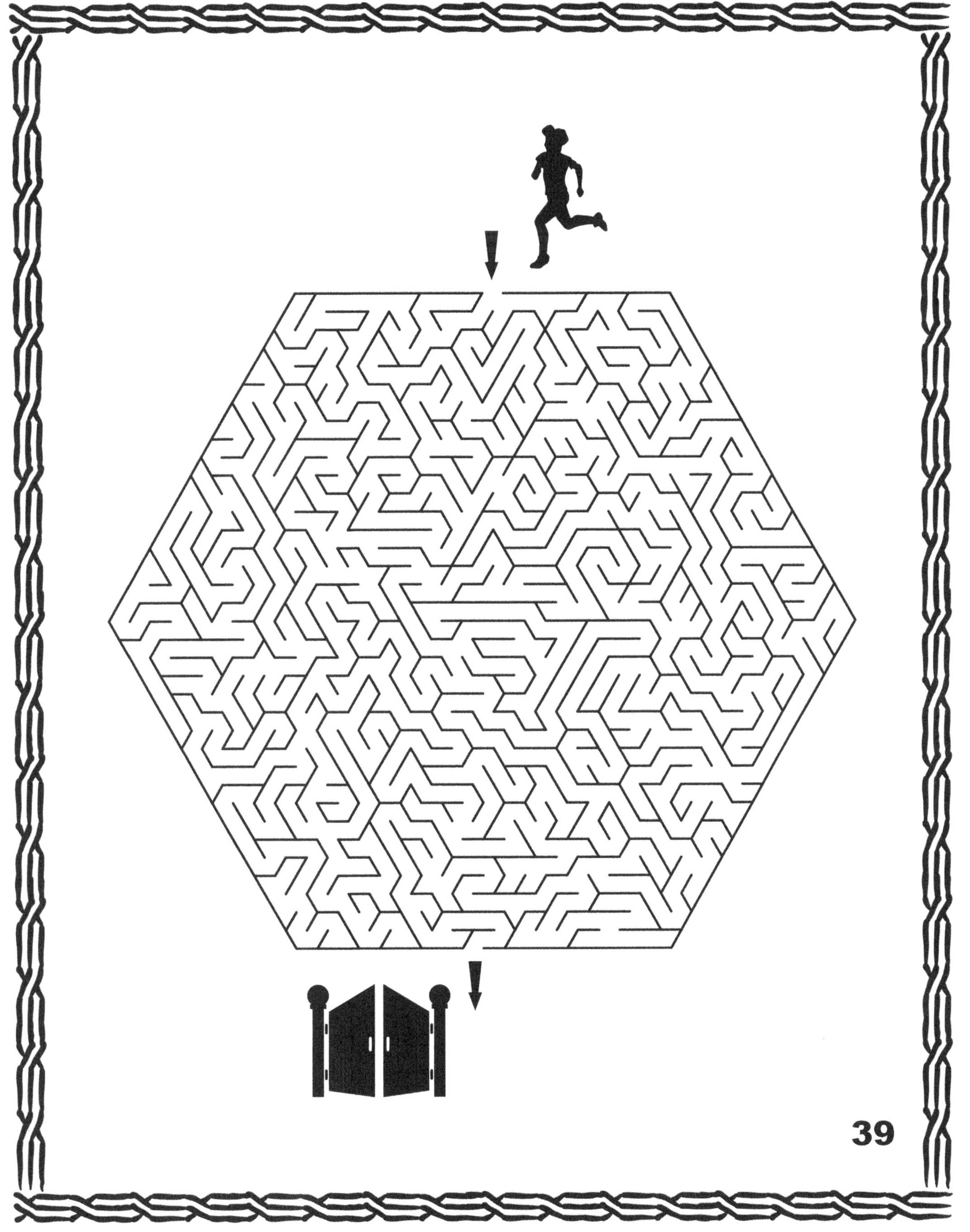

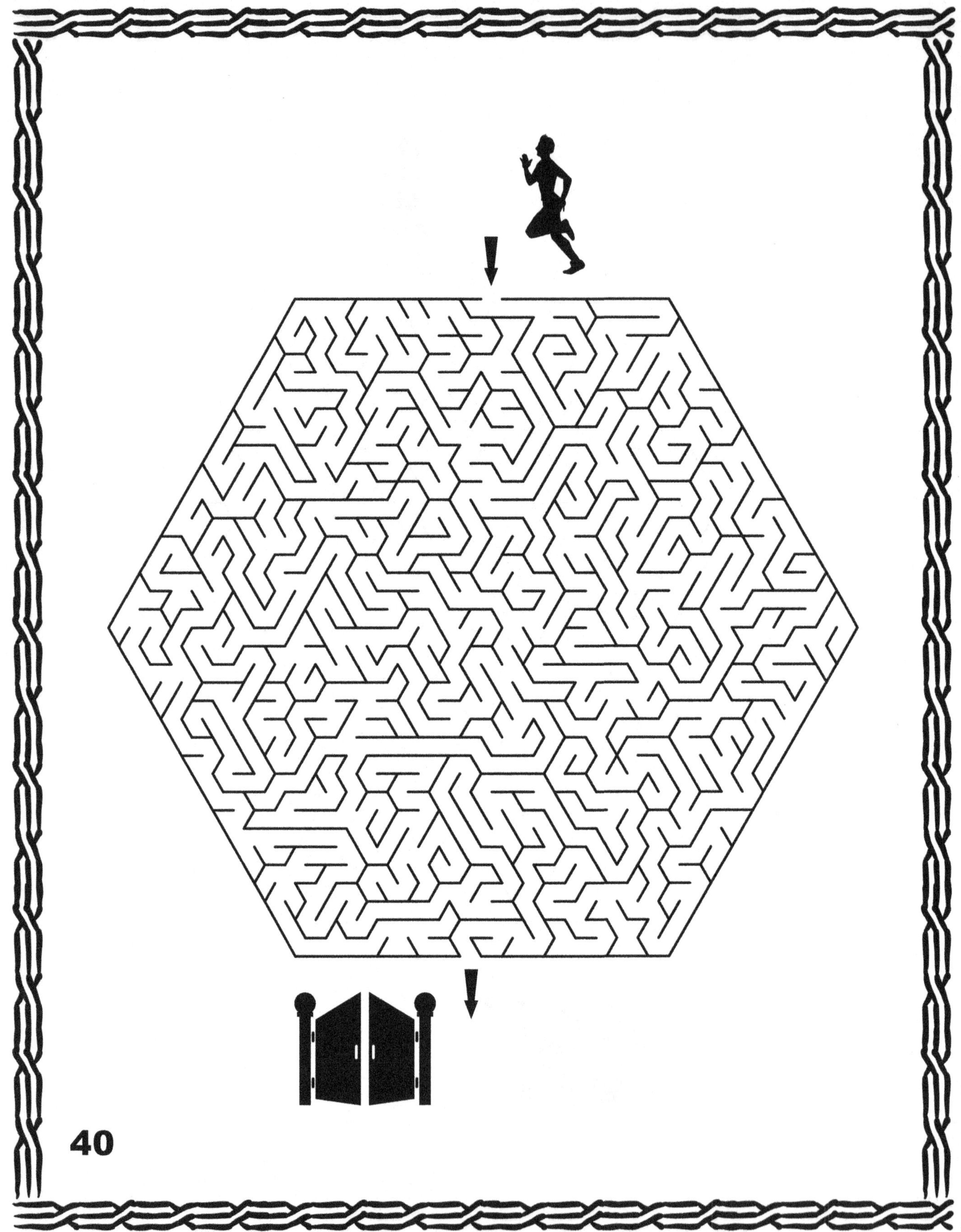

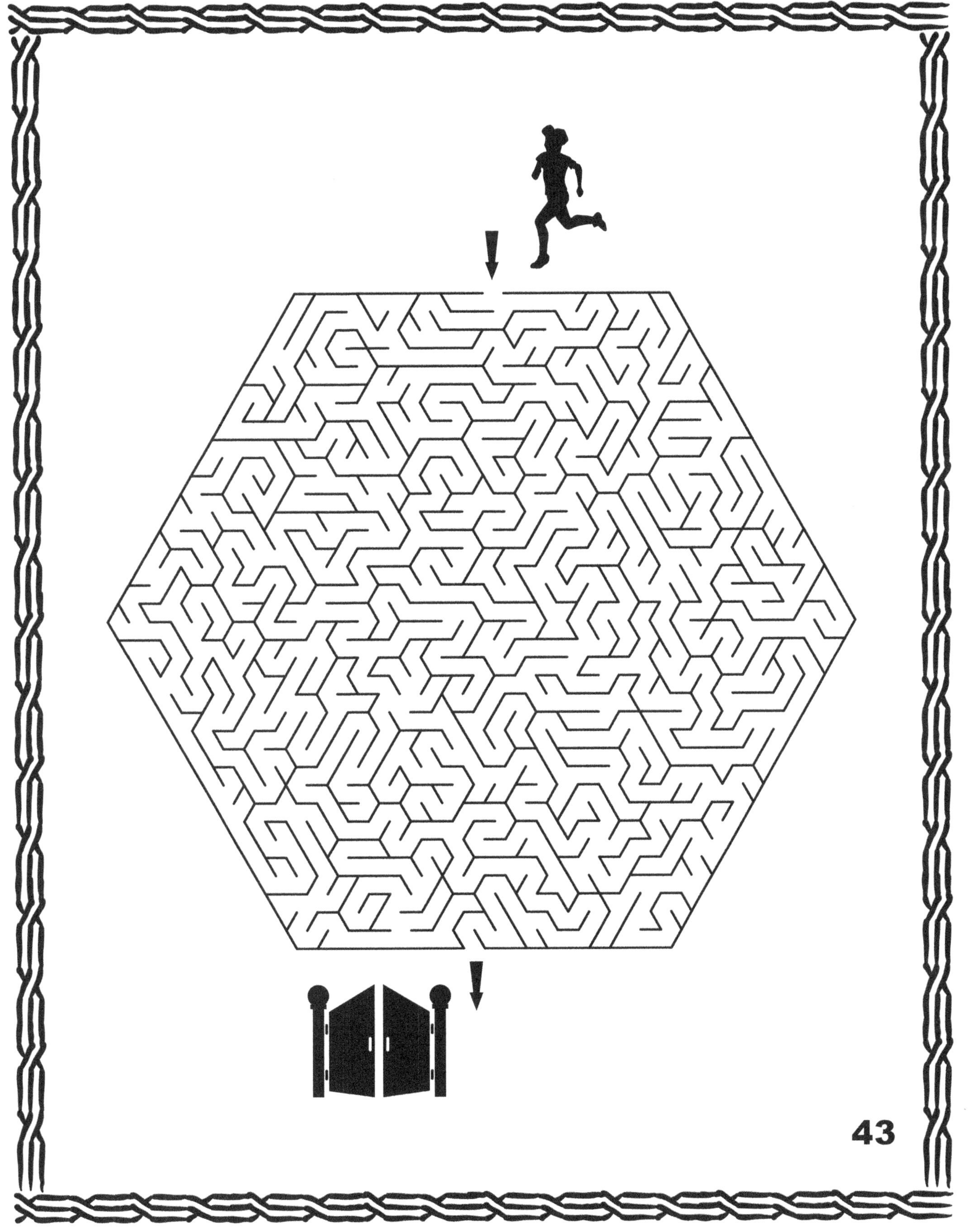

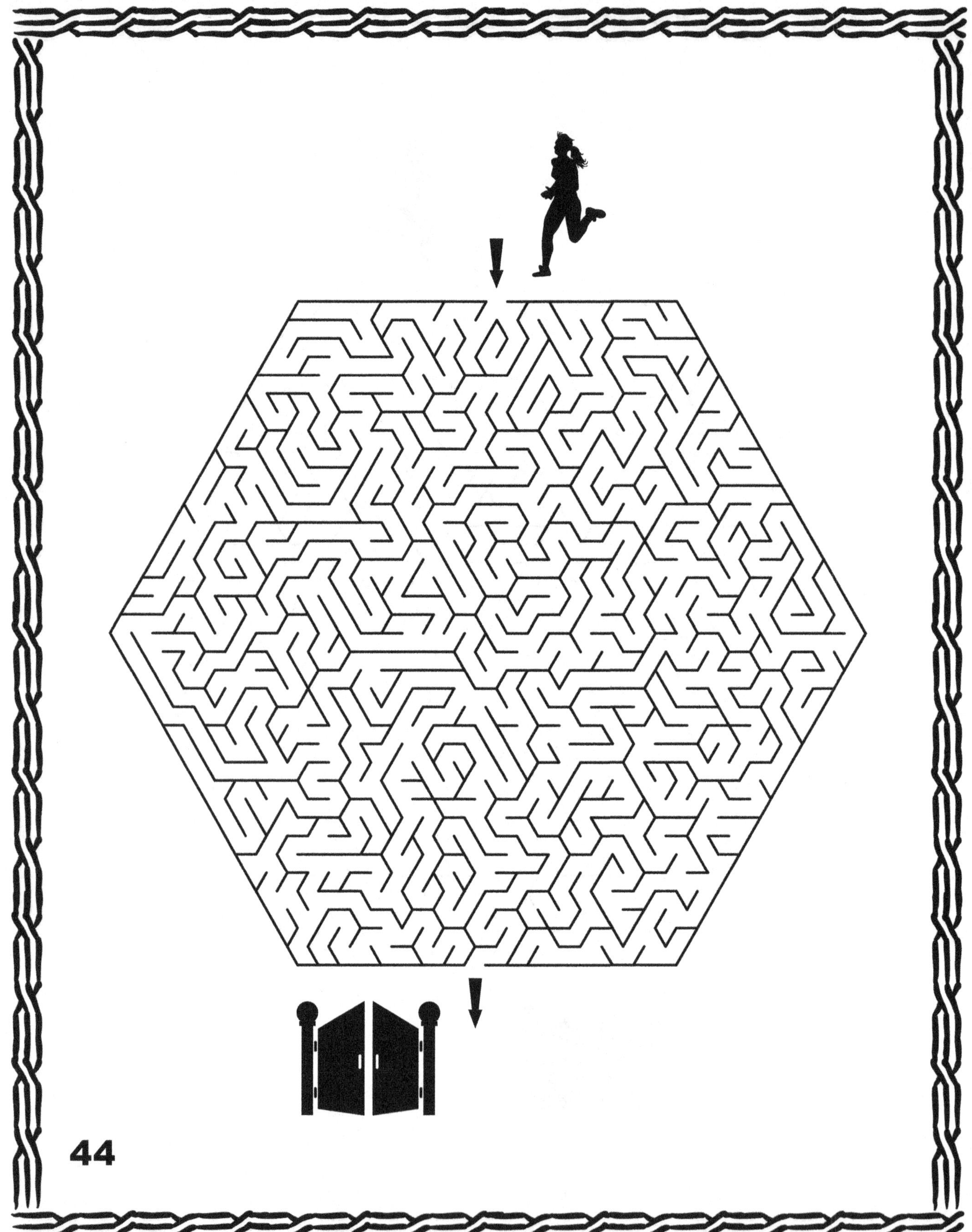

44

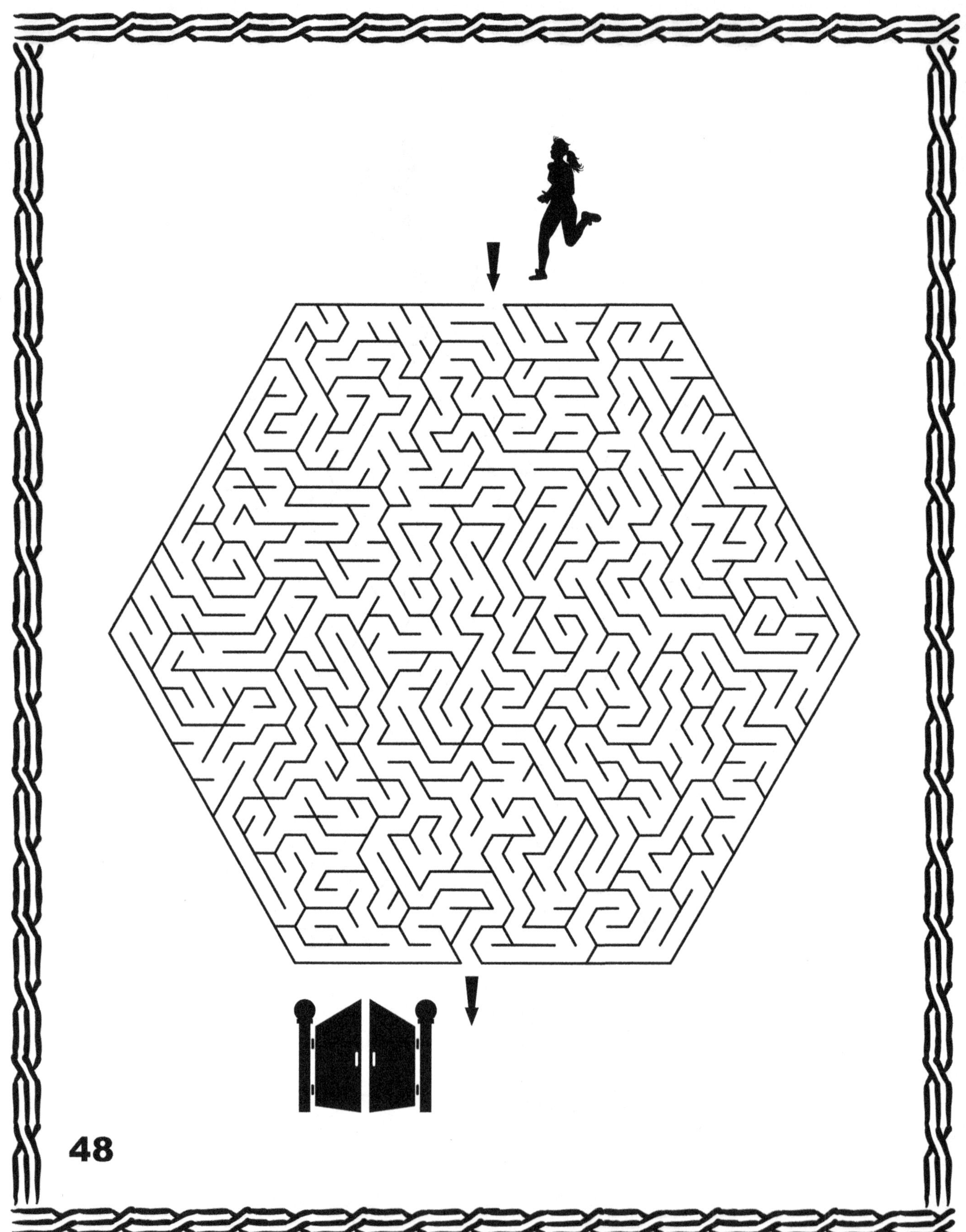

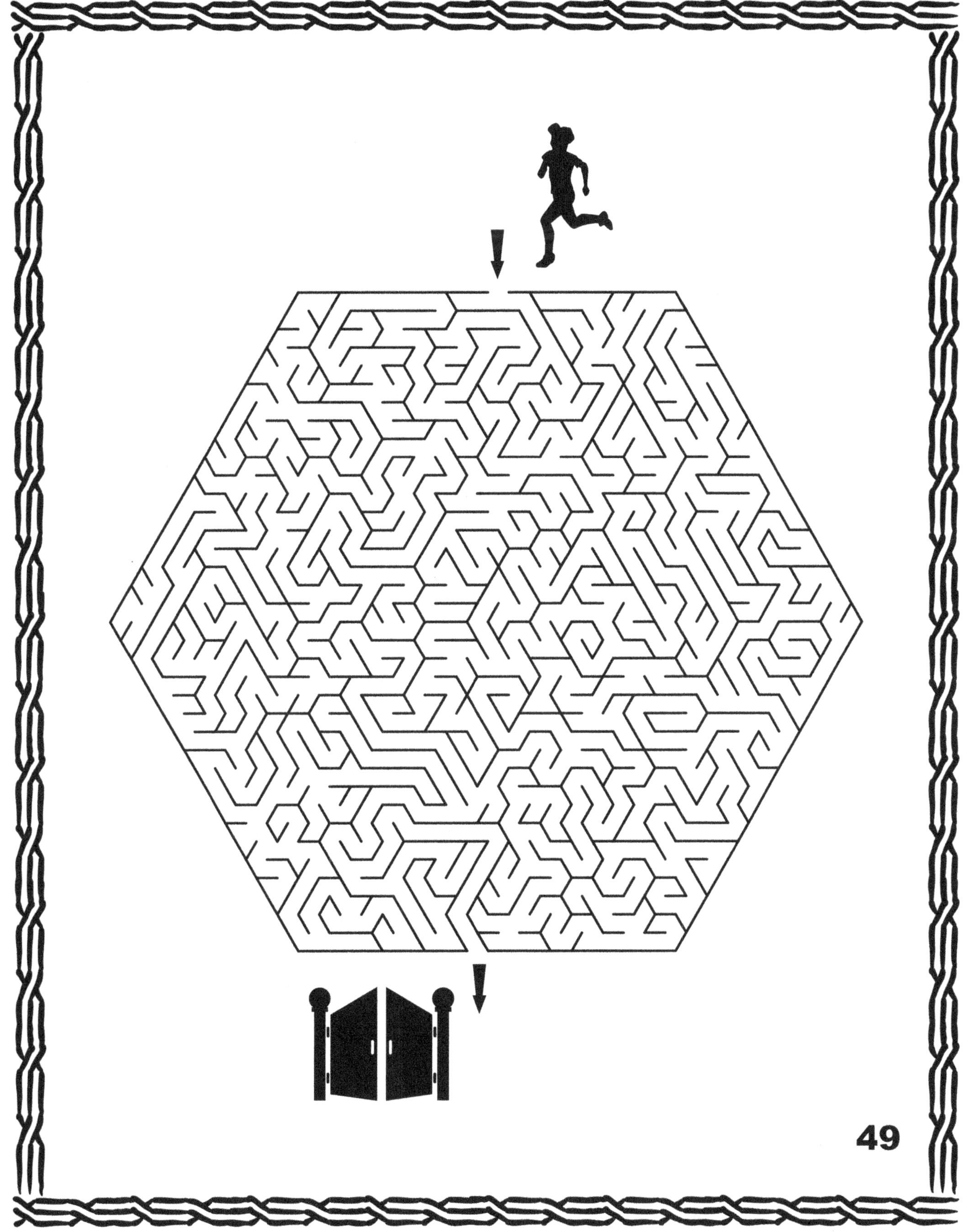

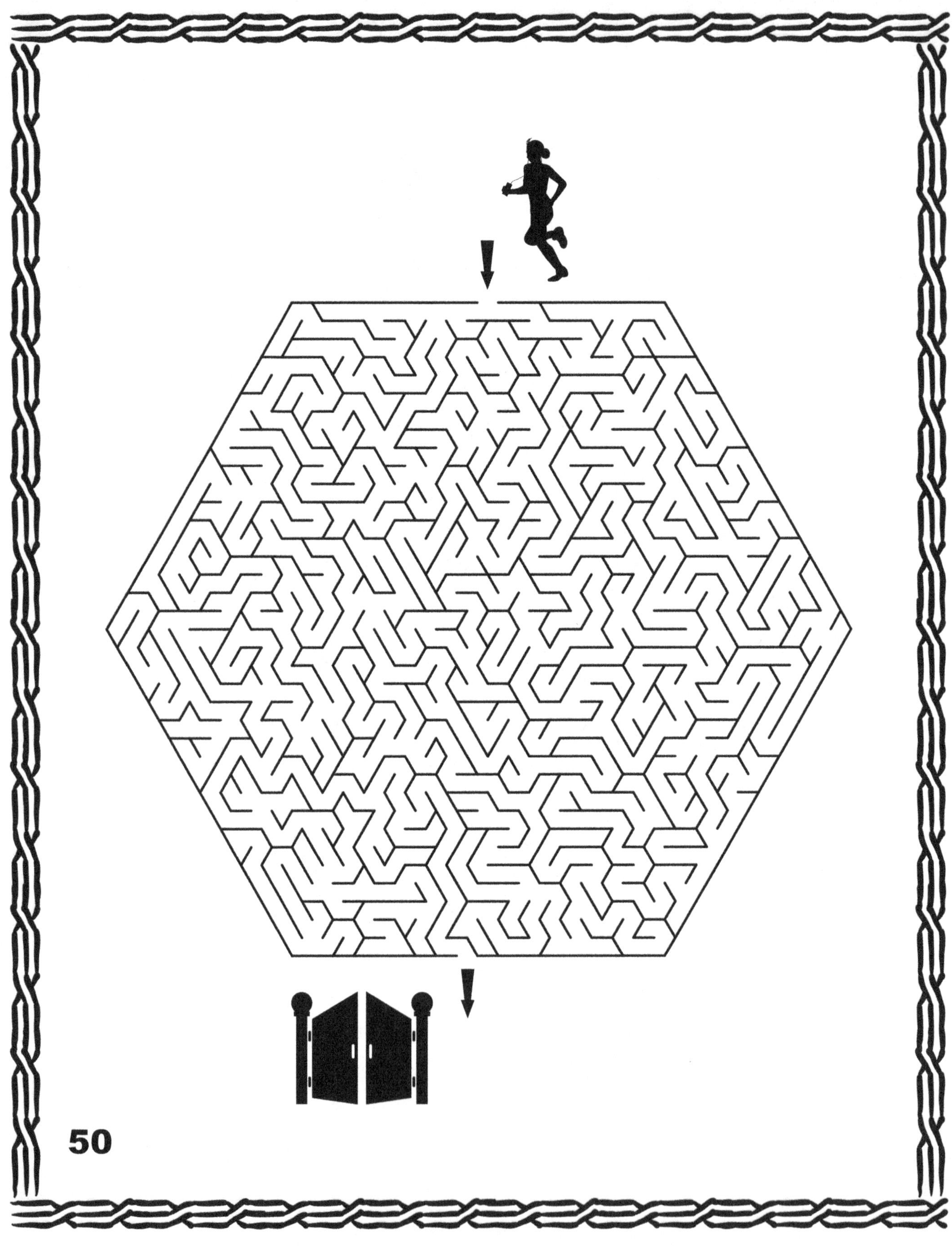

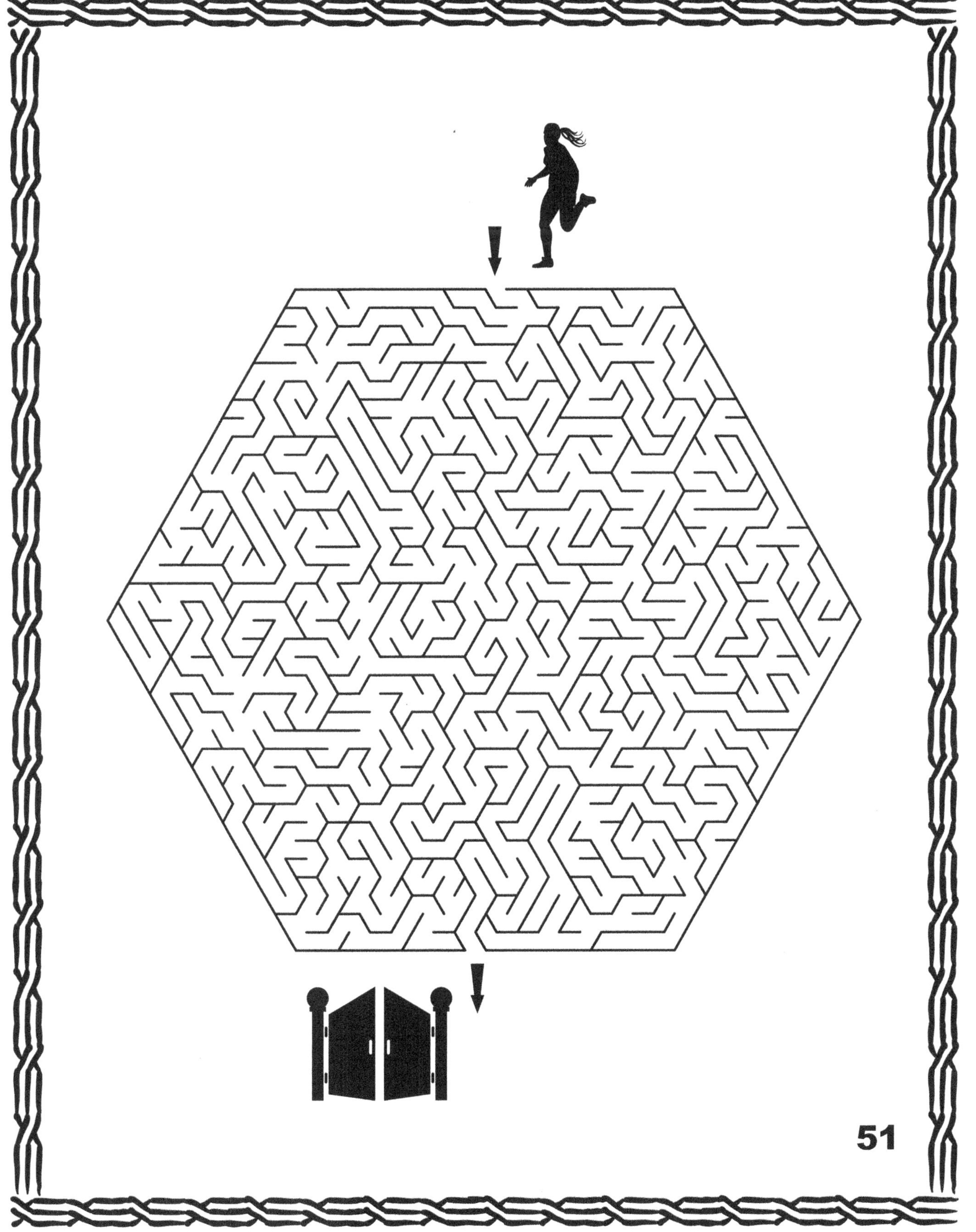

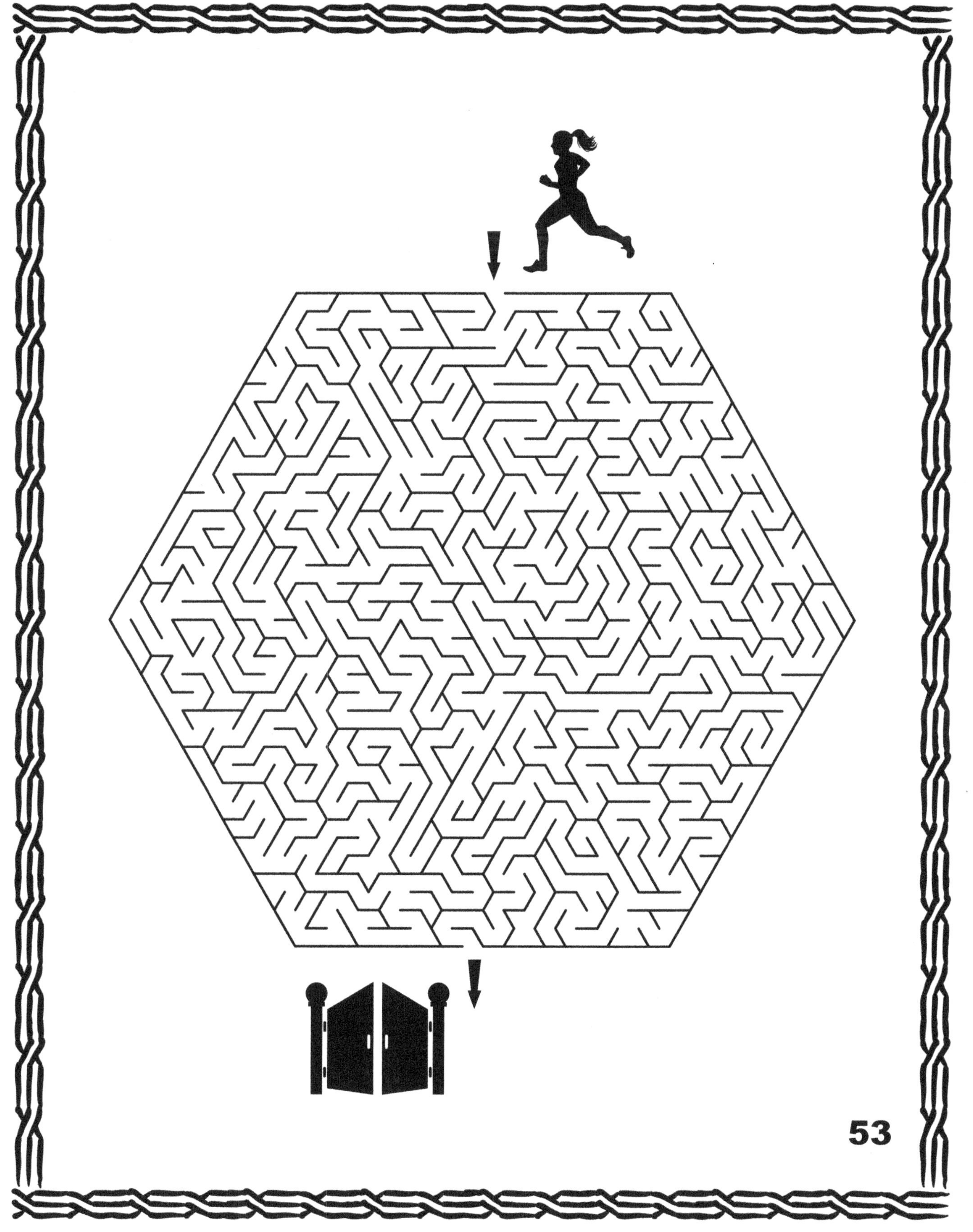

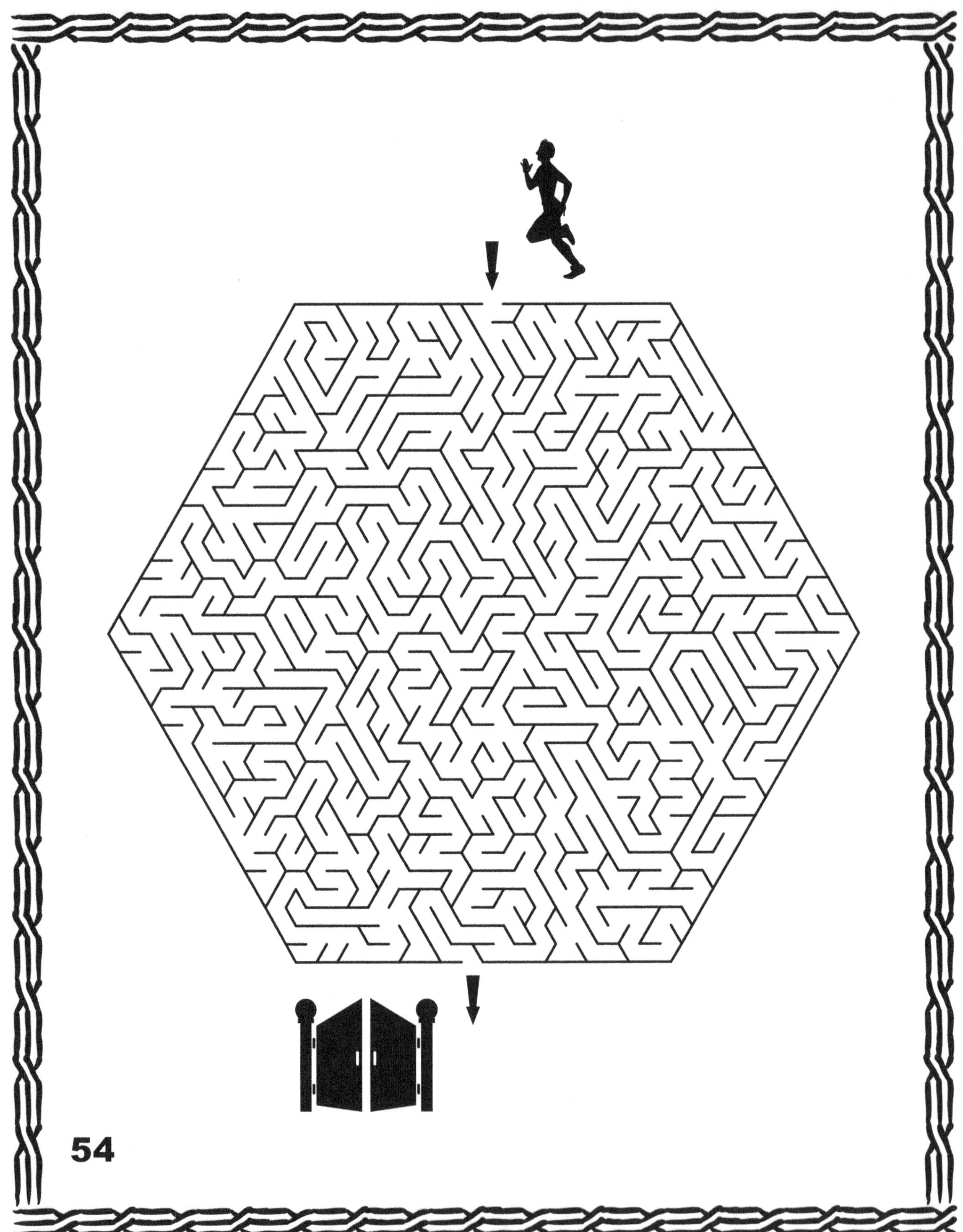

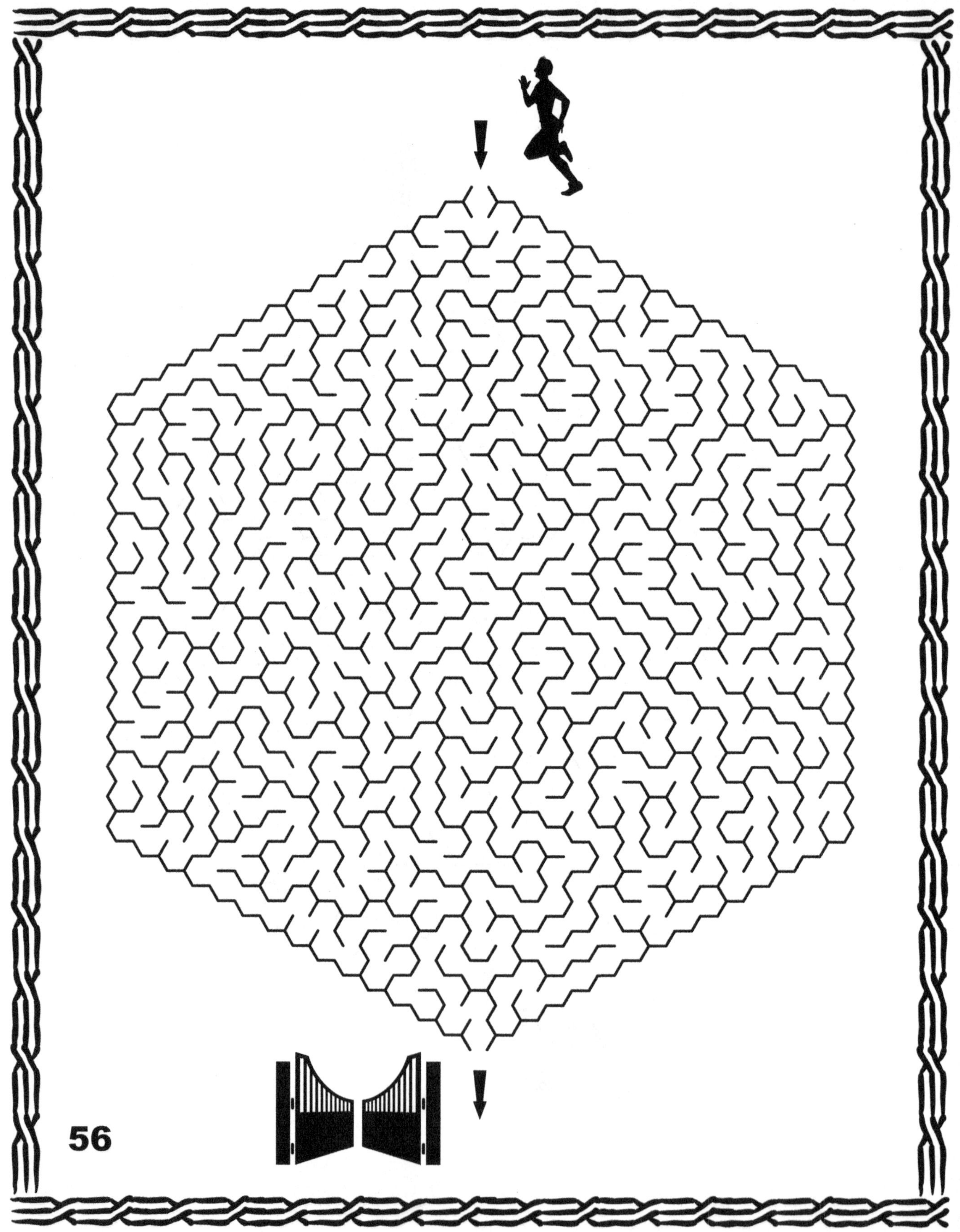

56

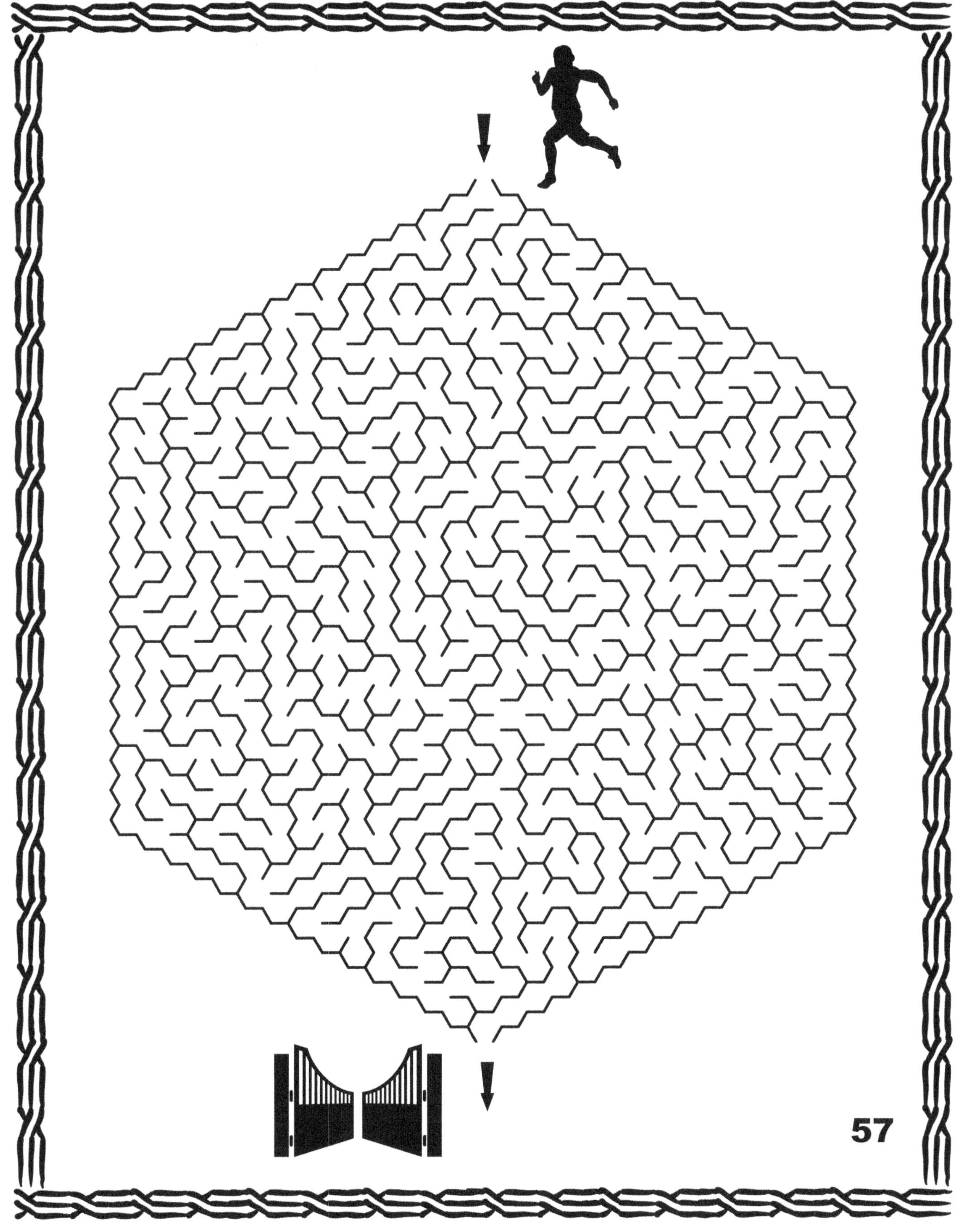

57

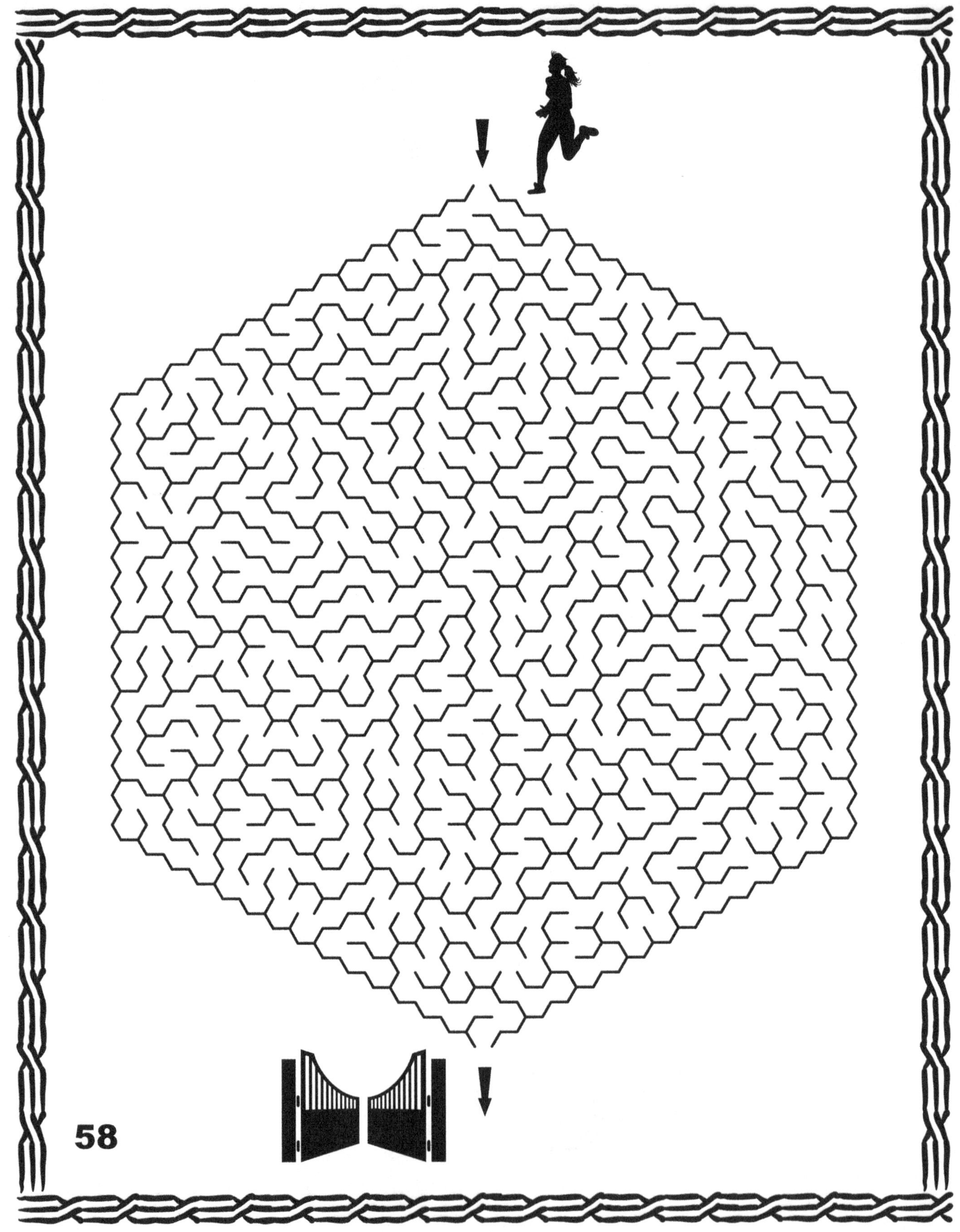

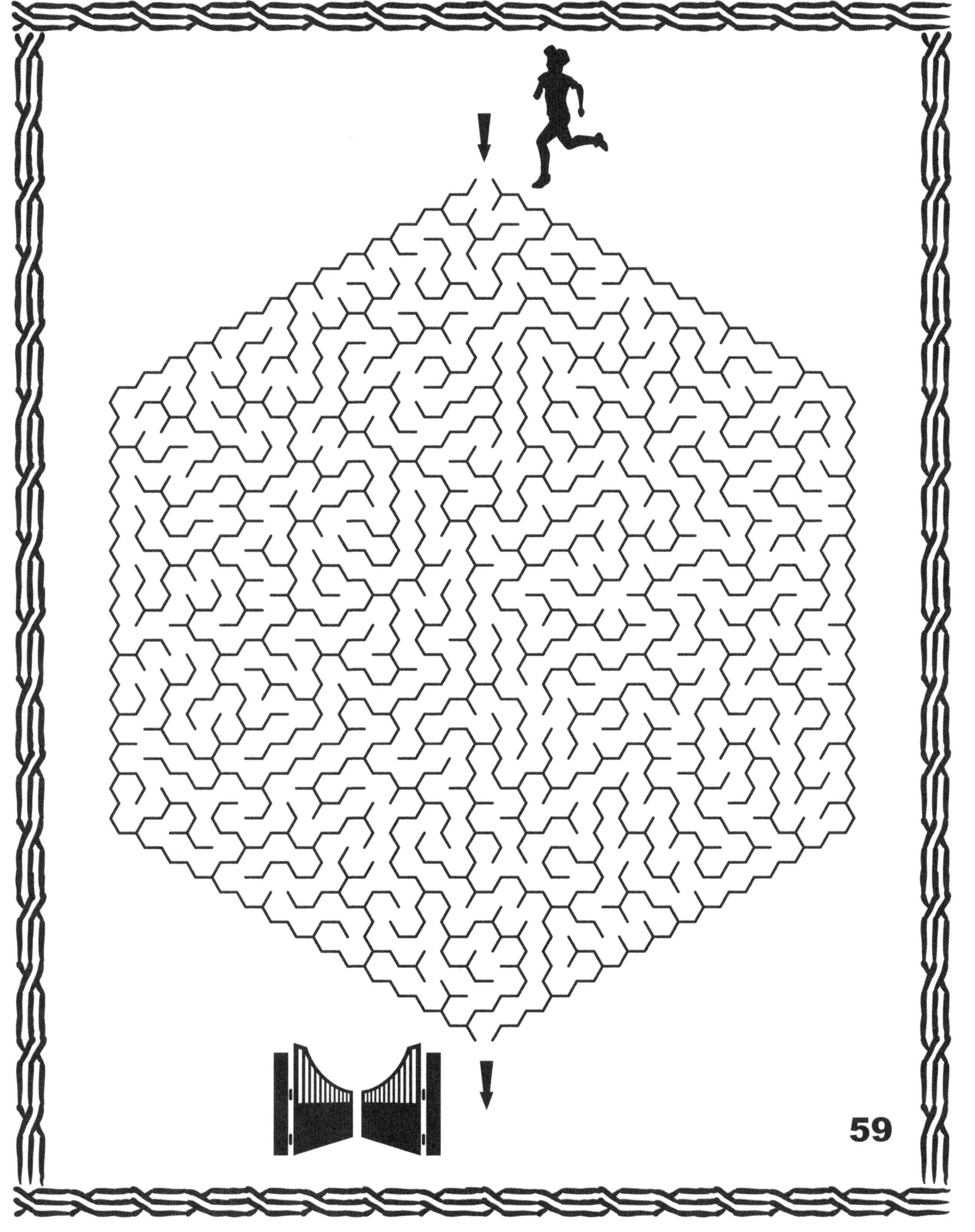

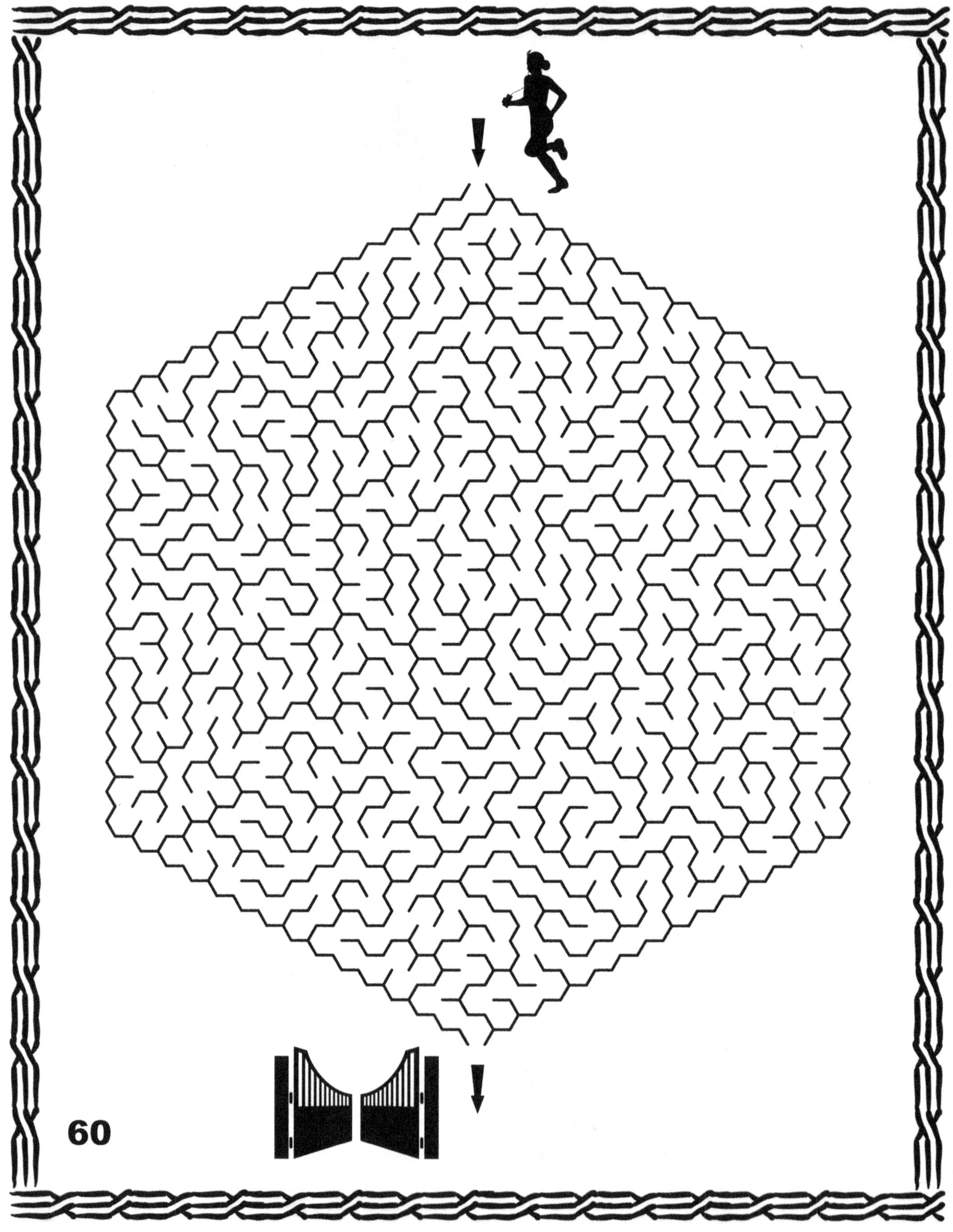

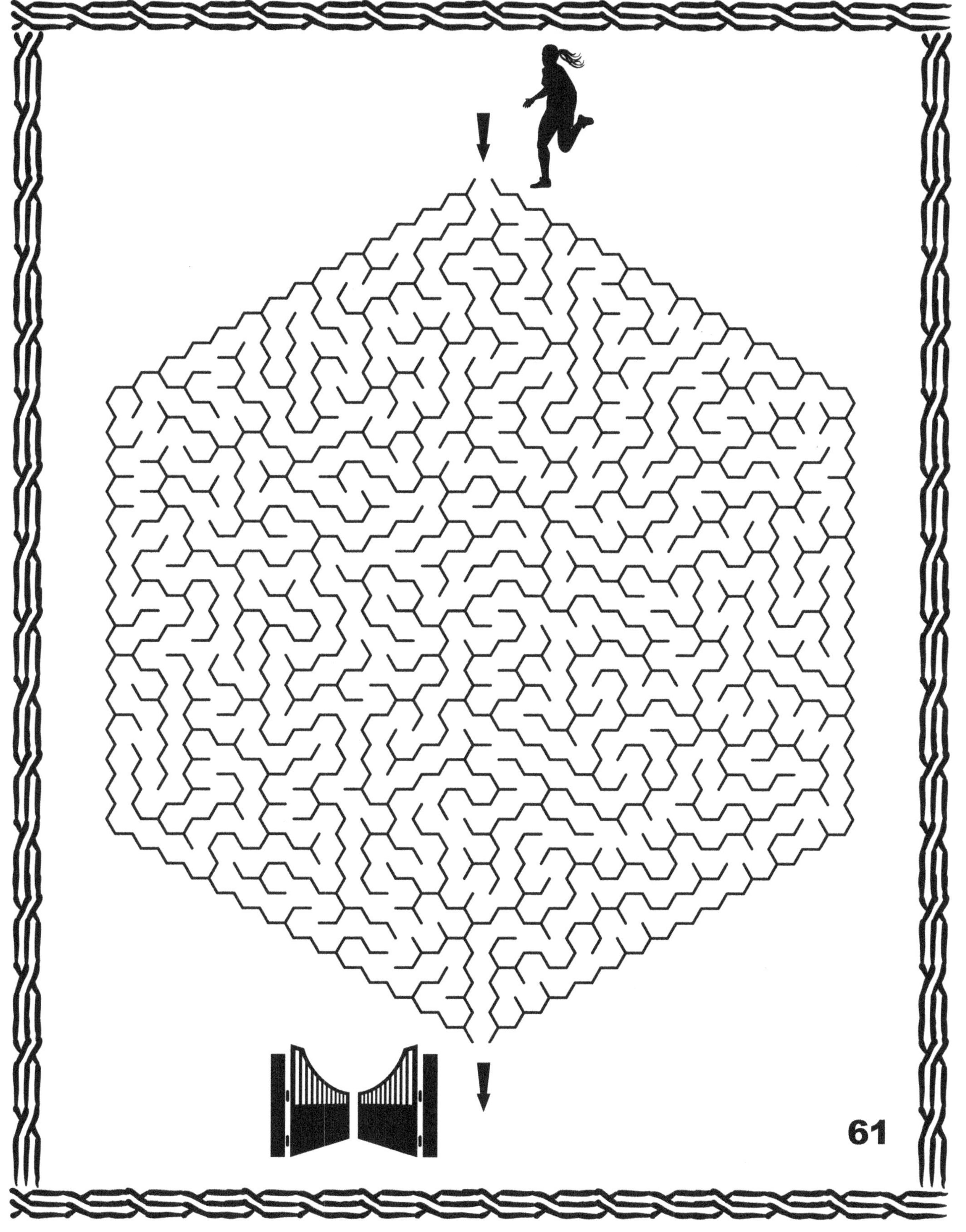

61

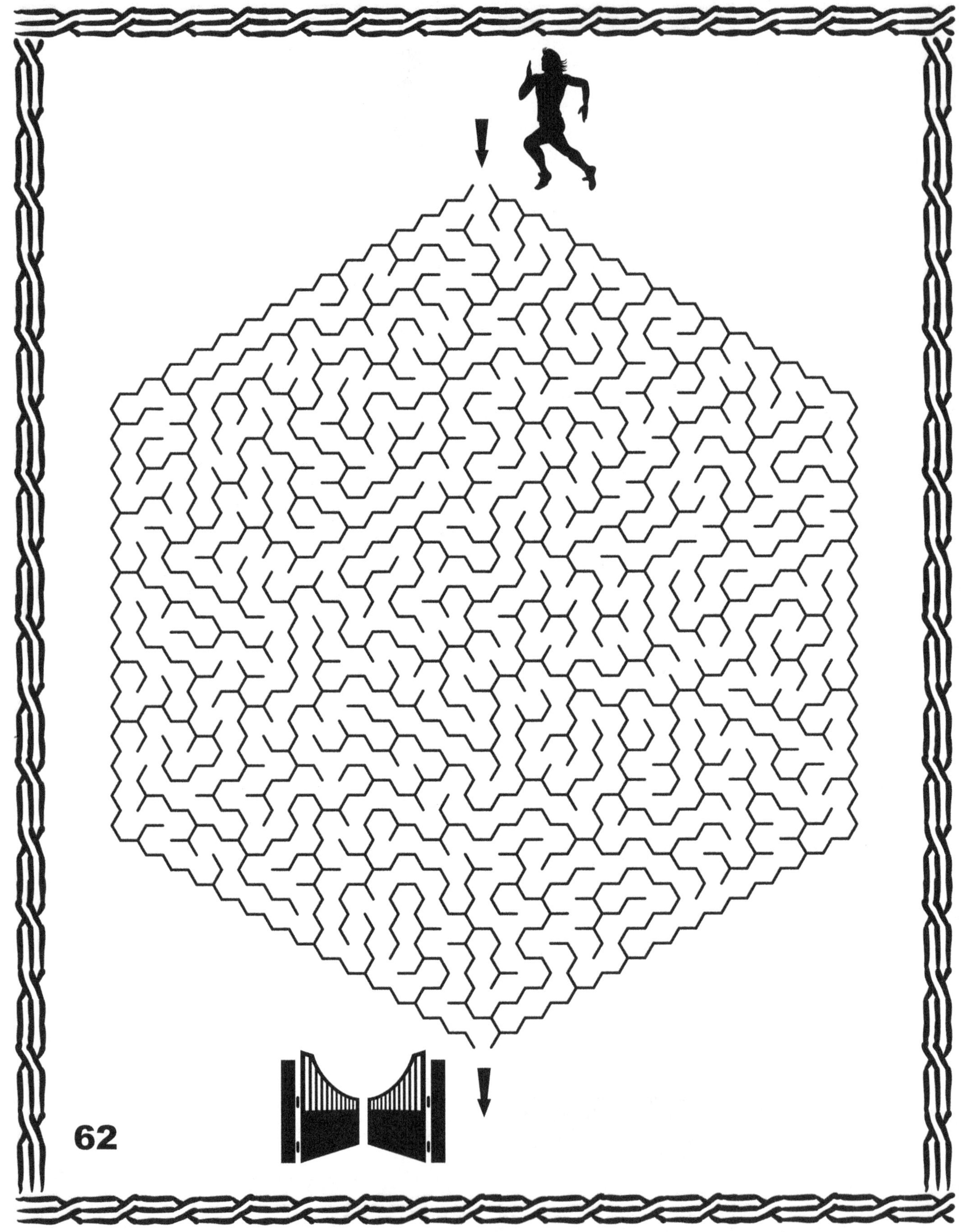

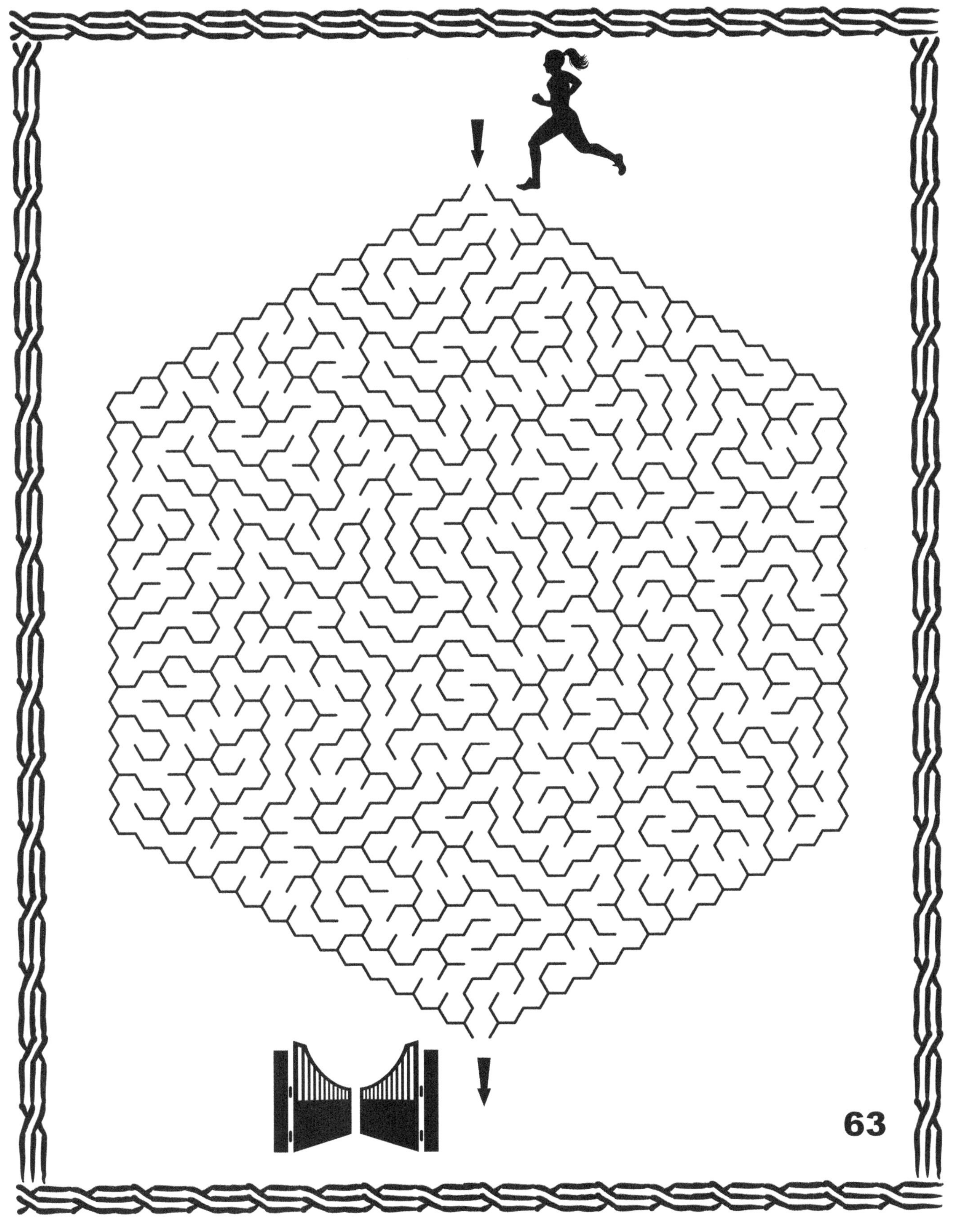

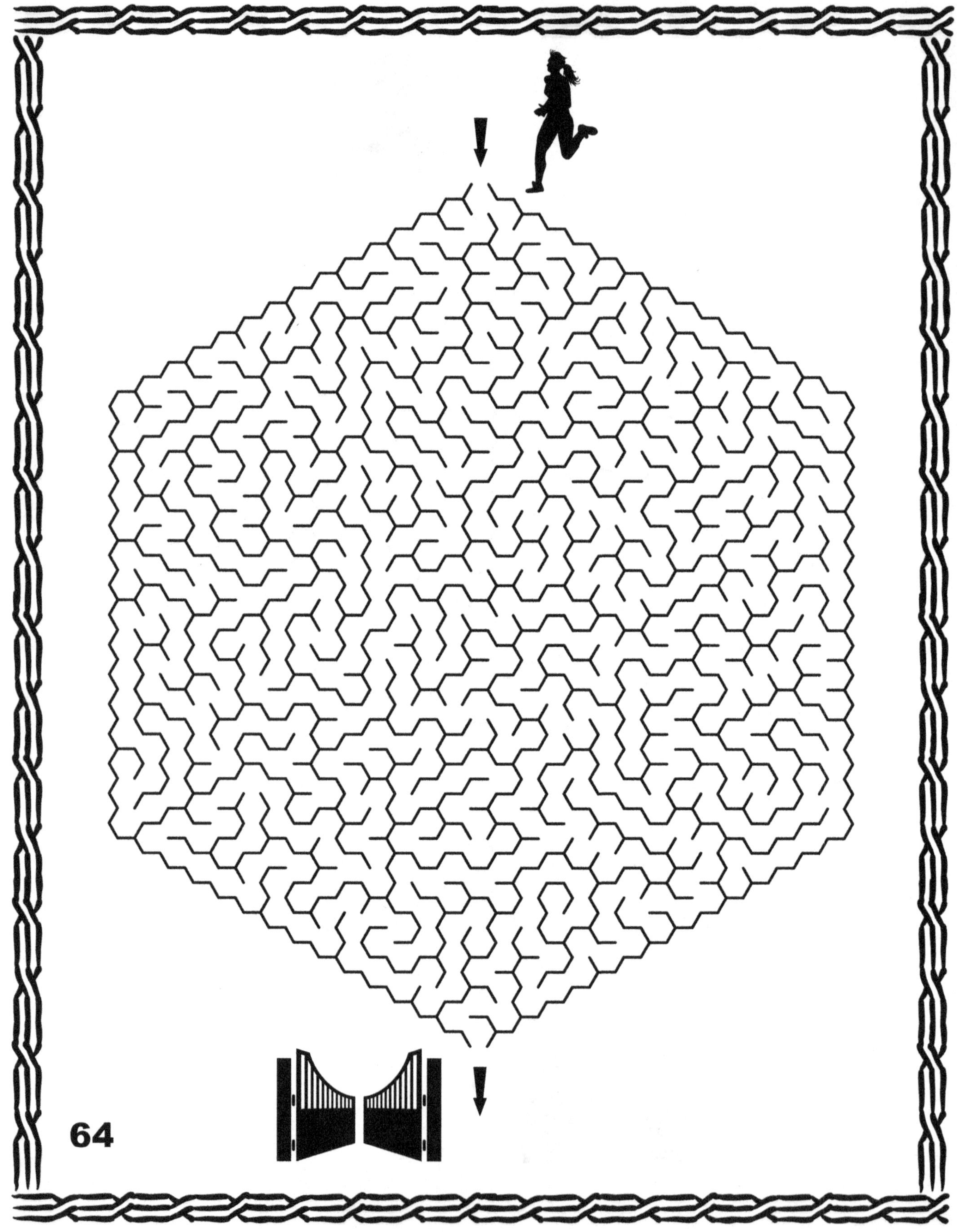

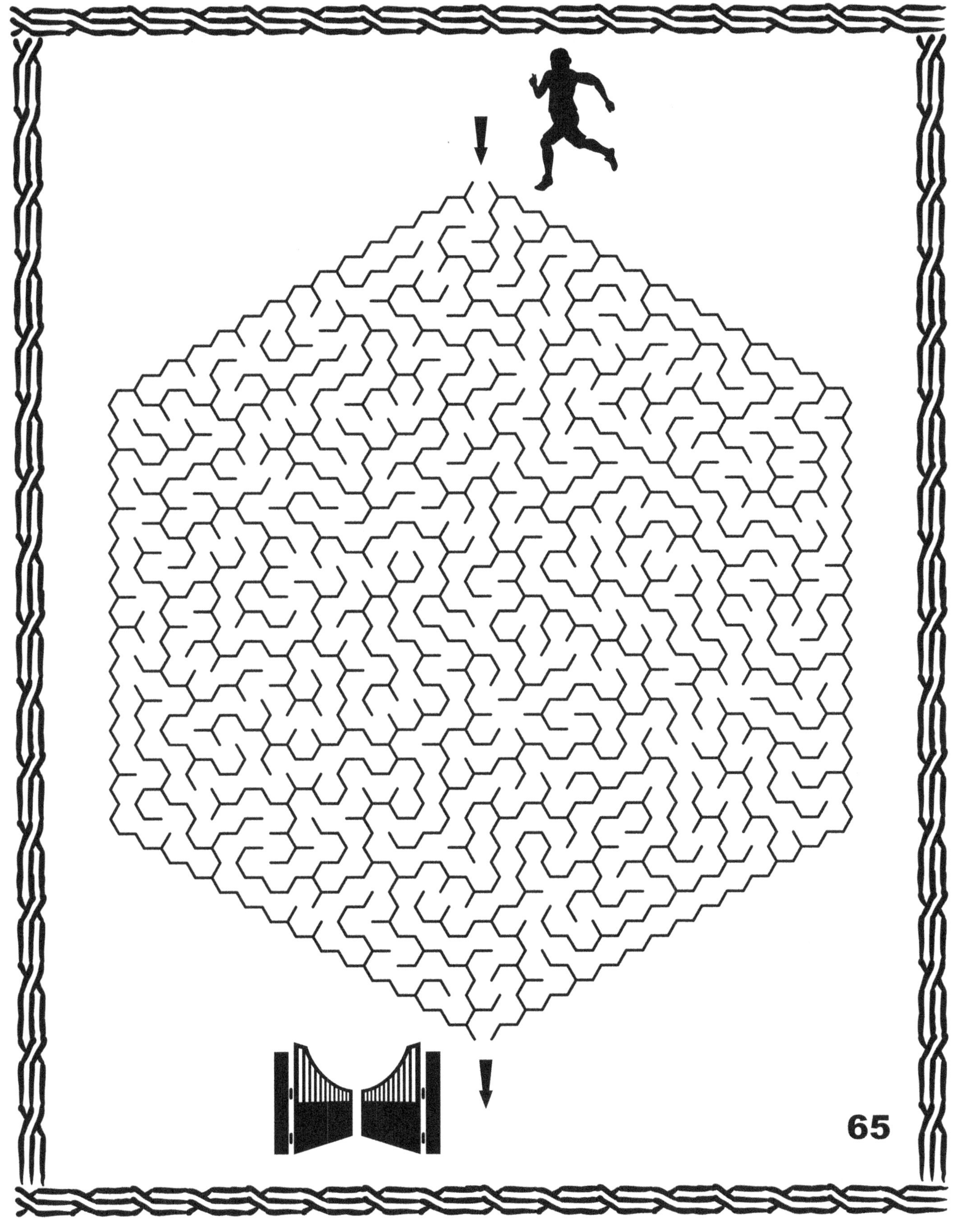

65

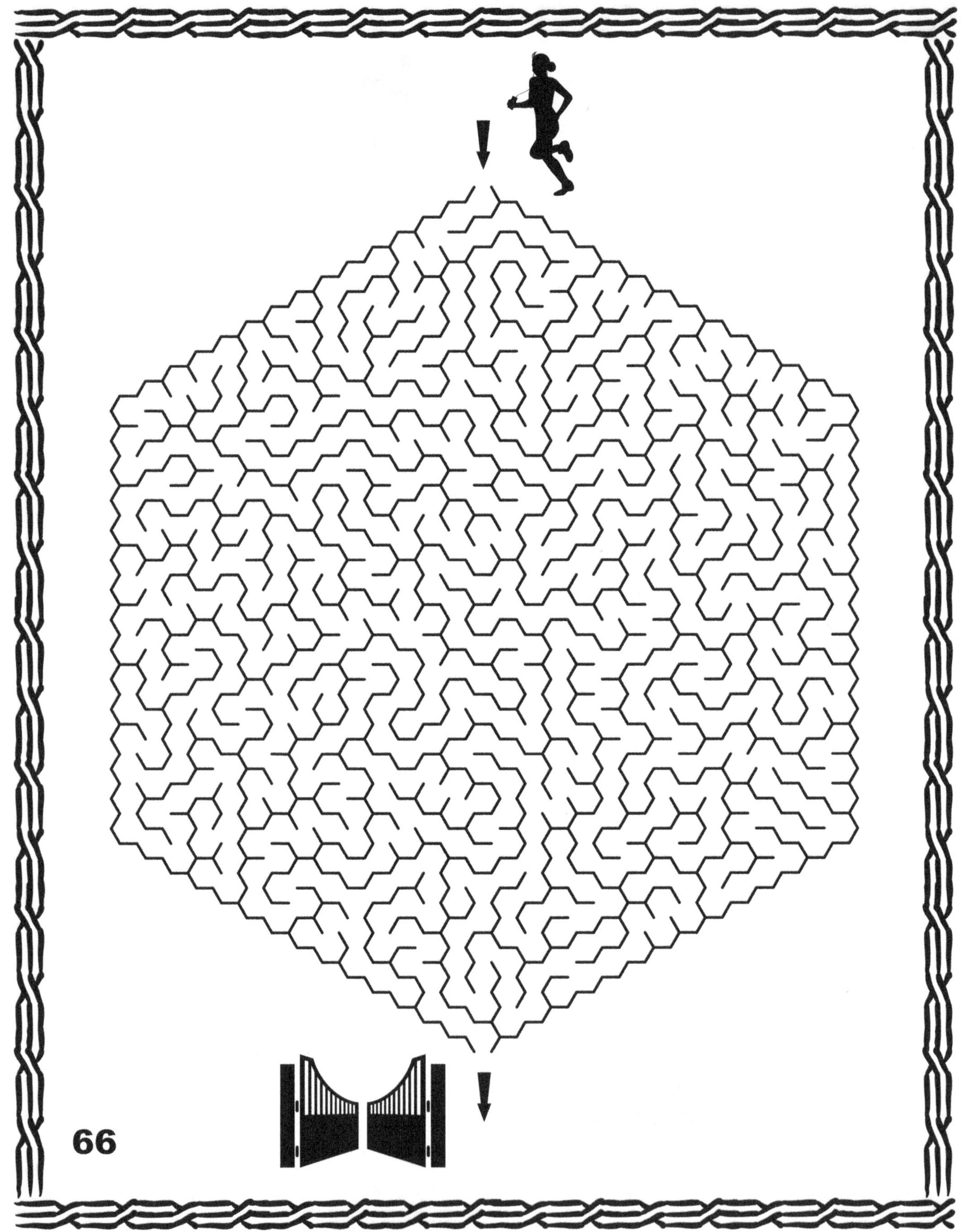

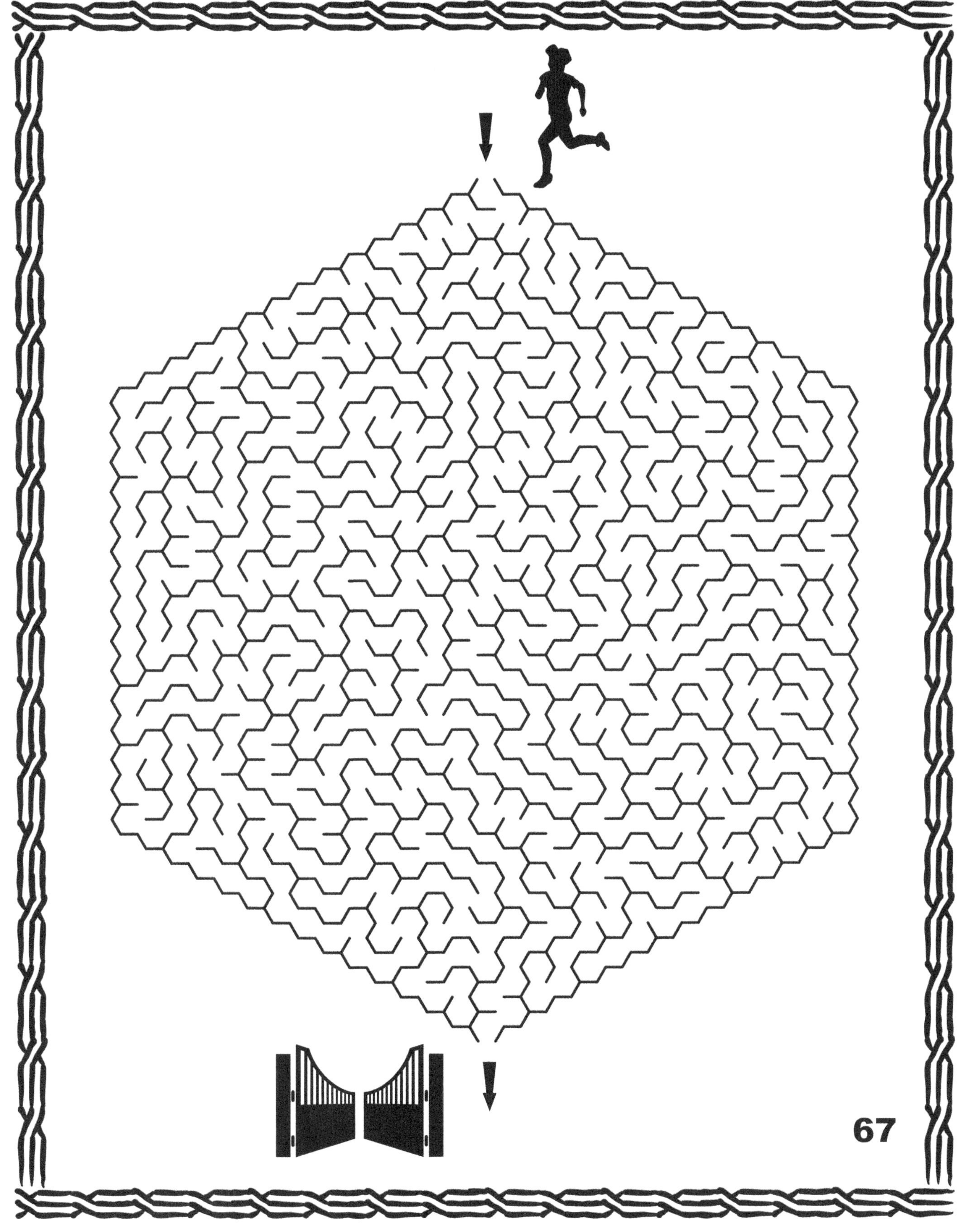

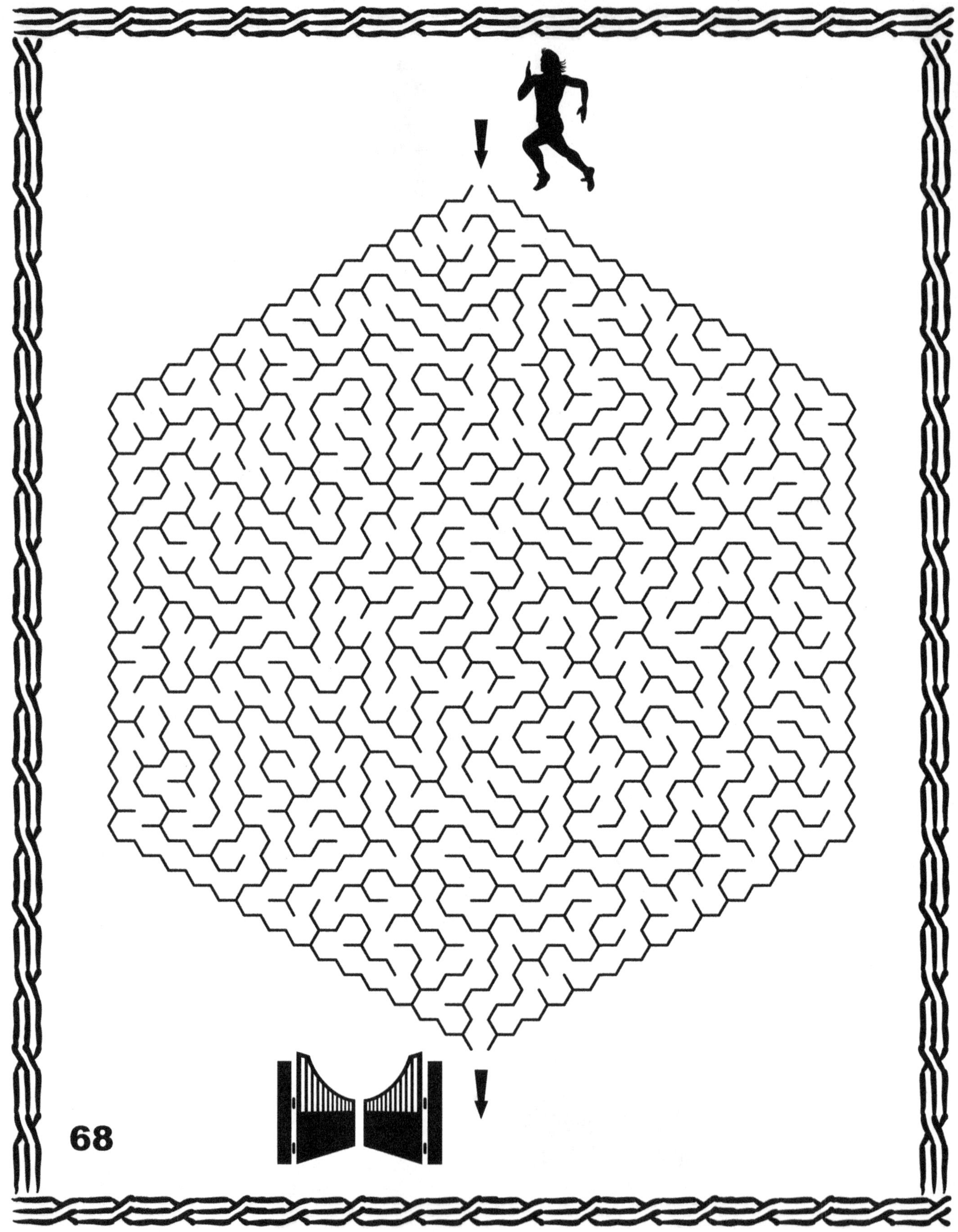

68

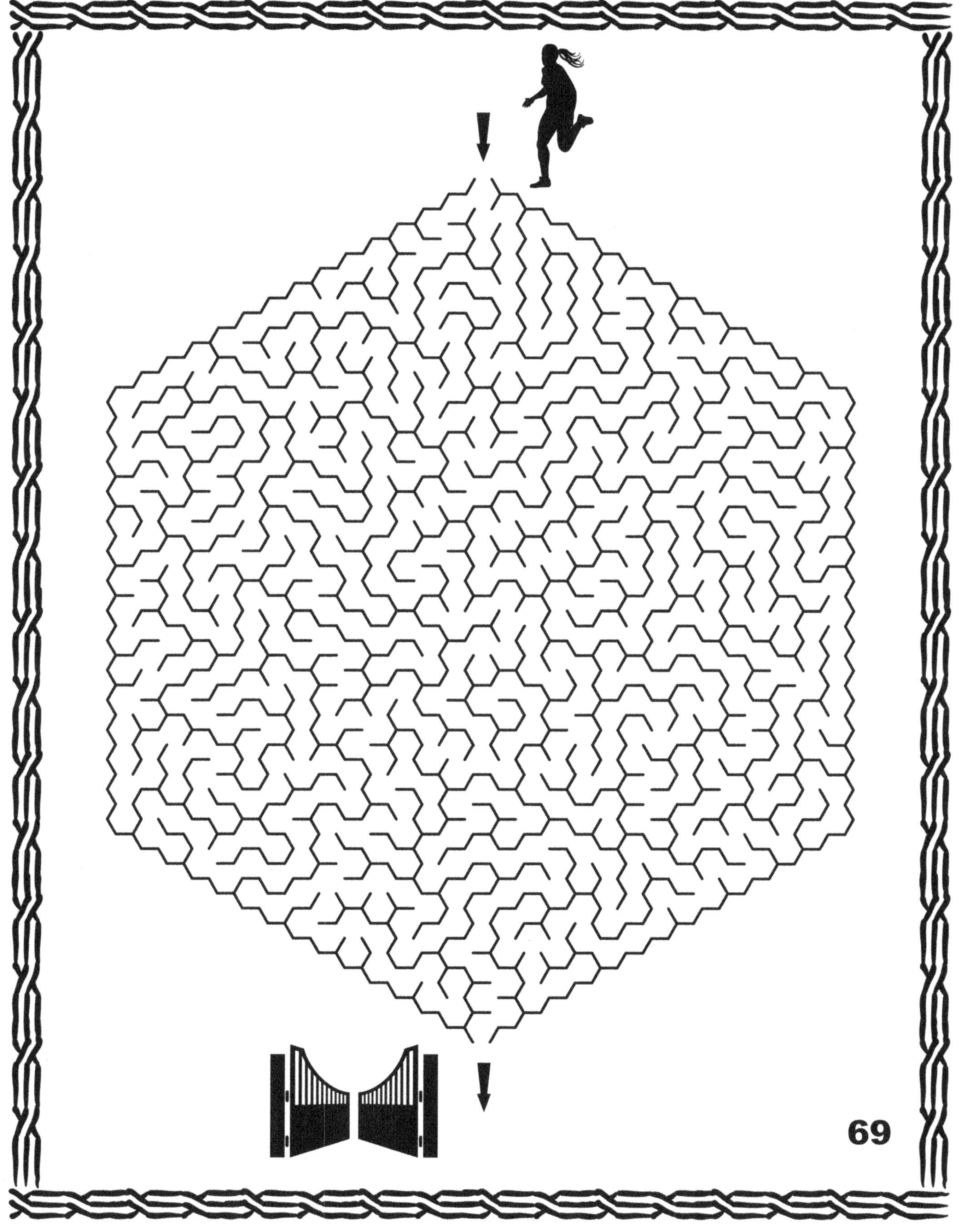

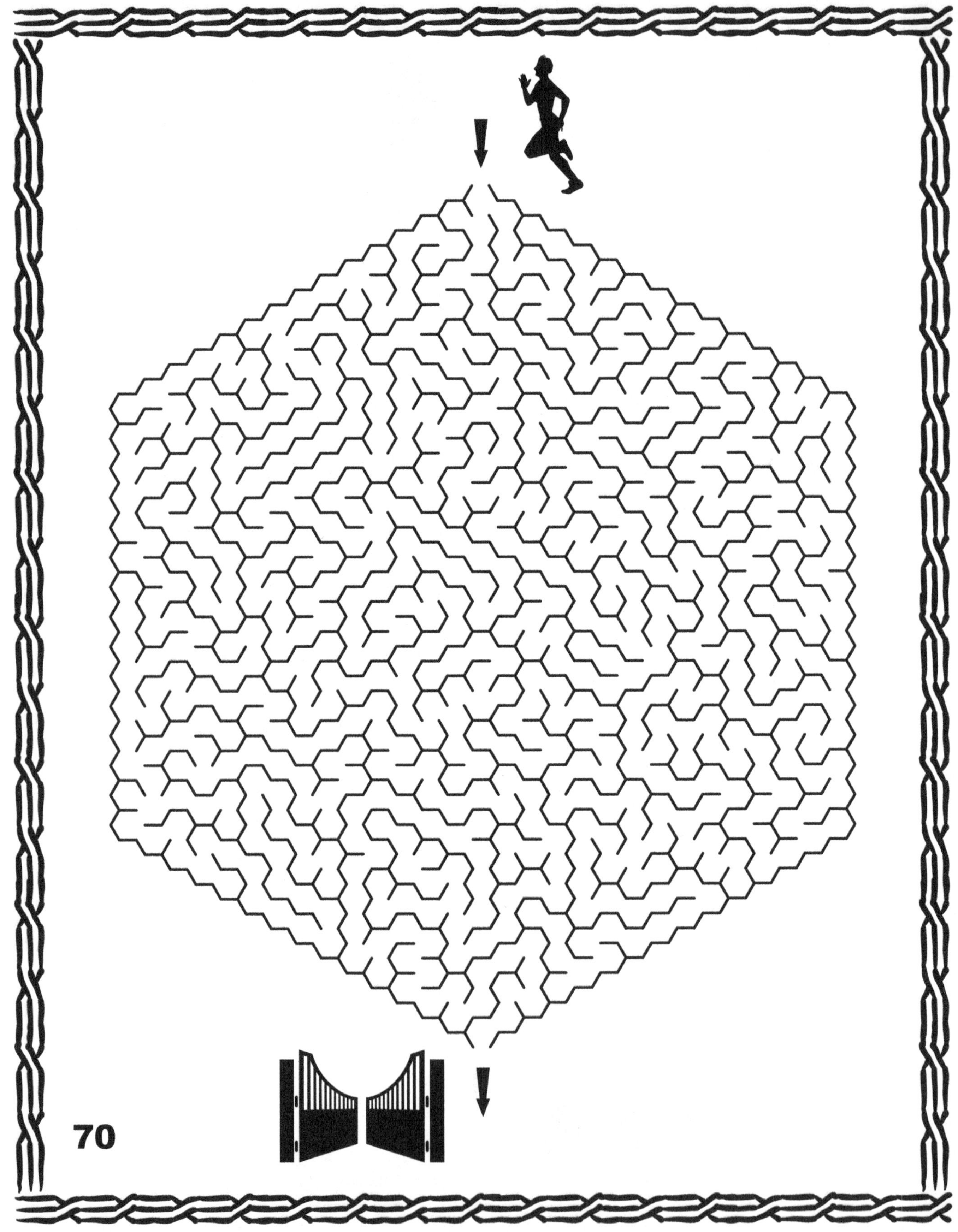

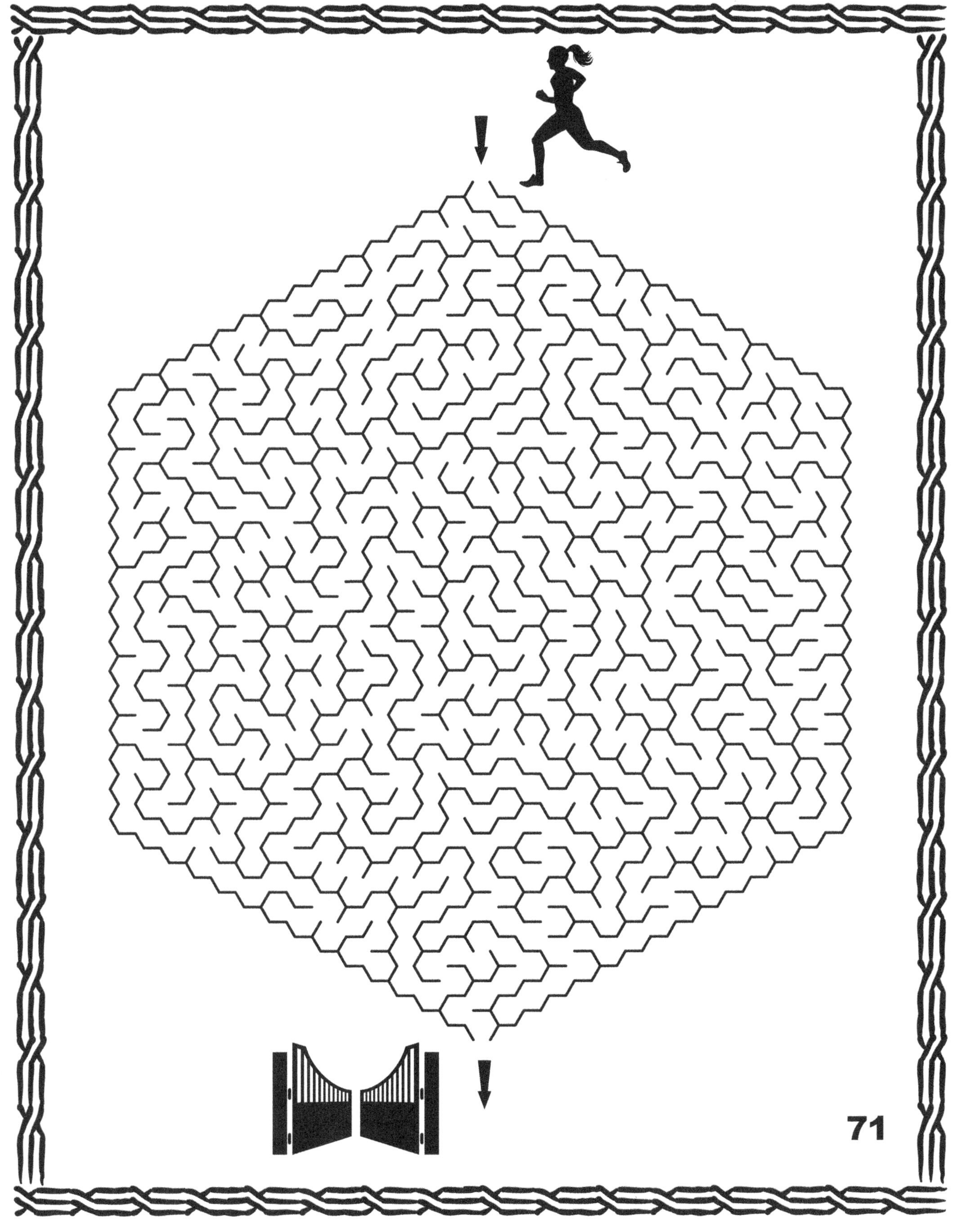

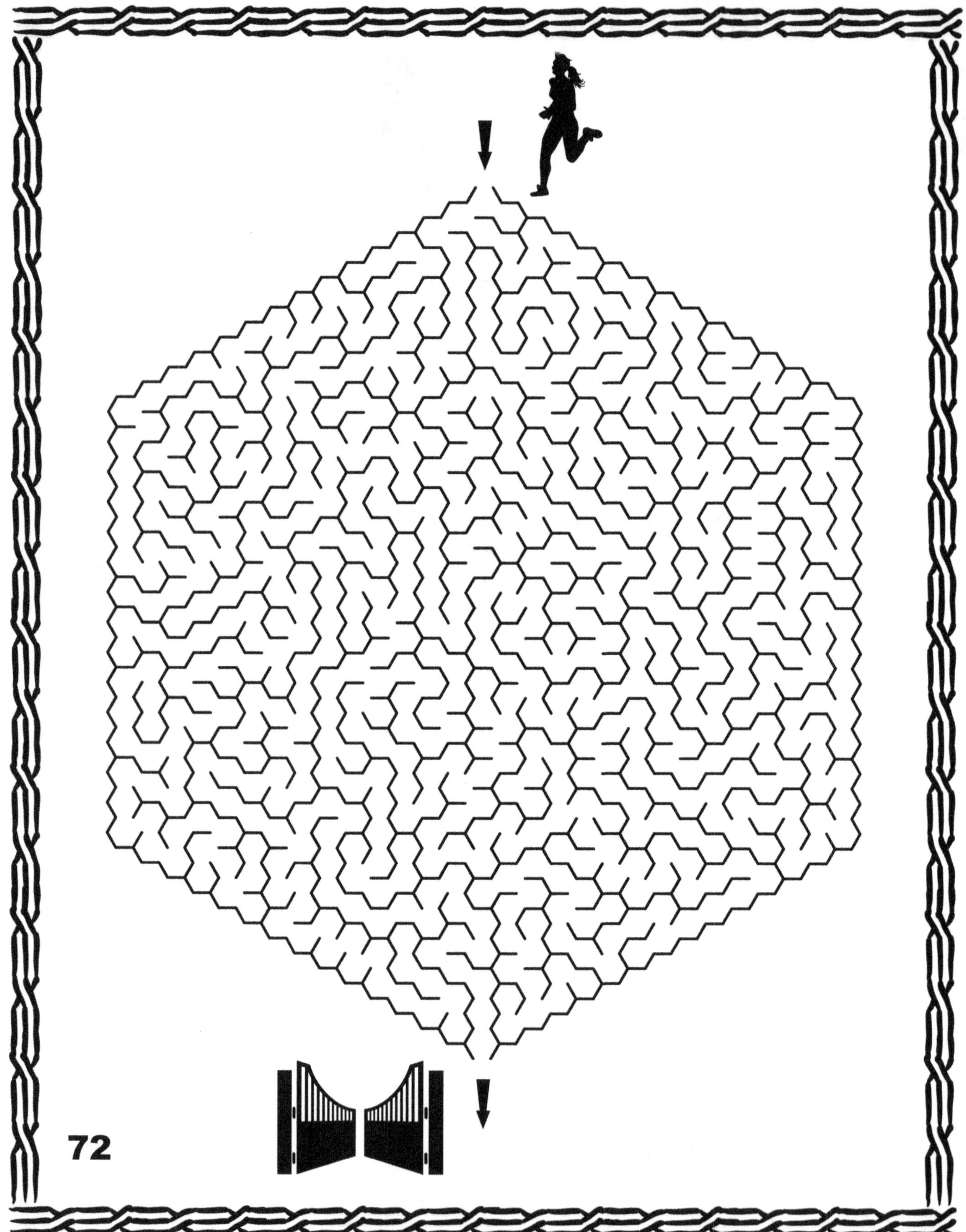

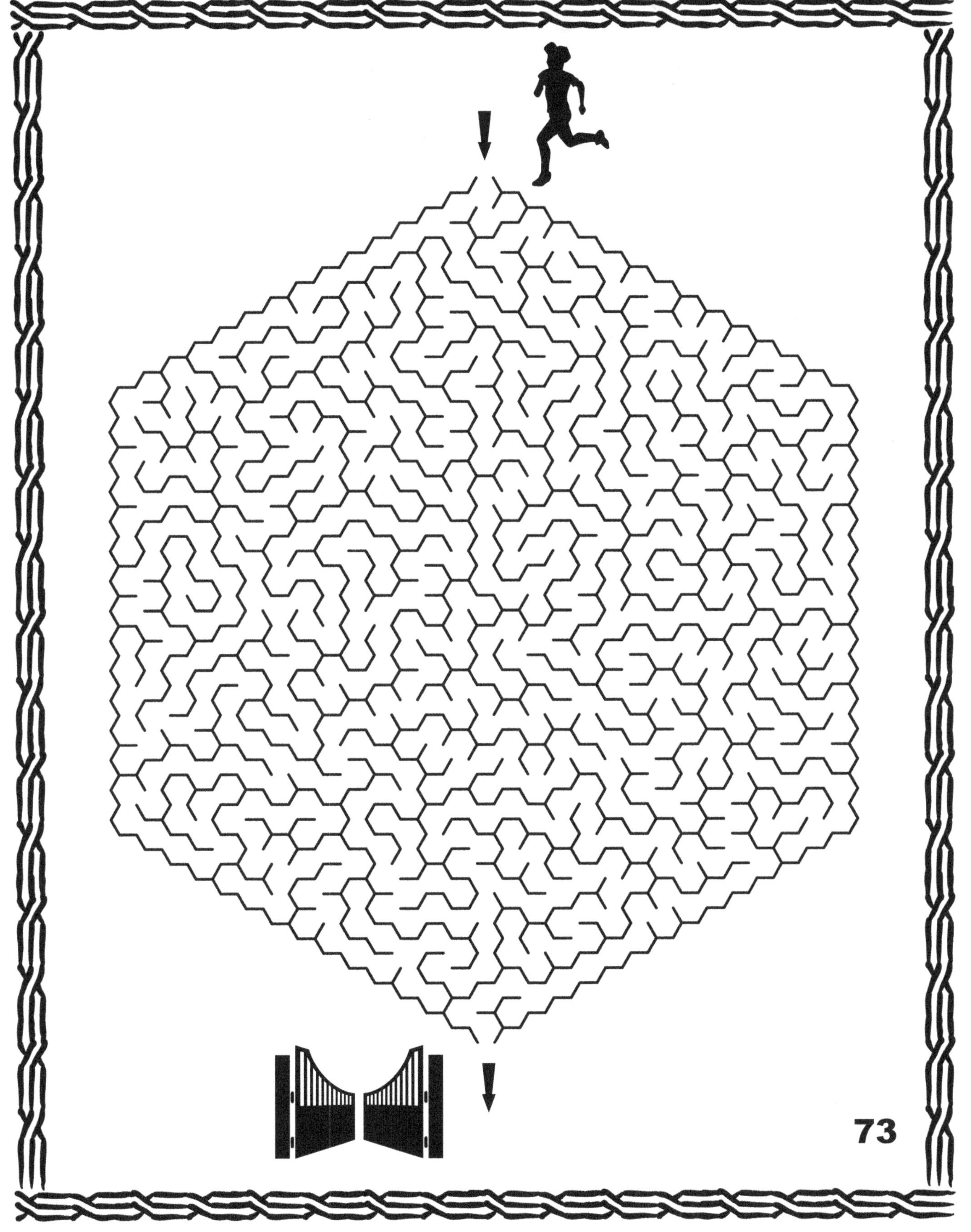

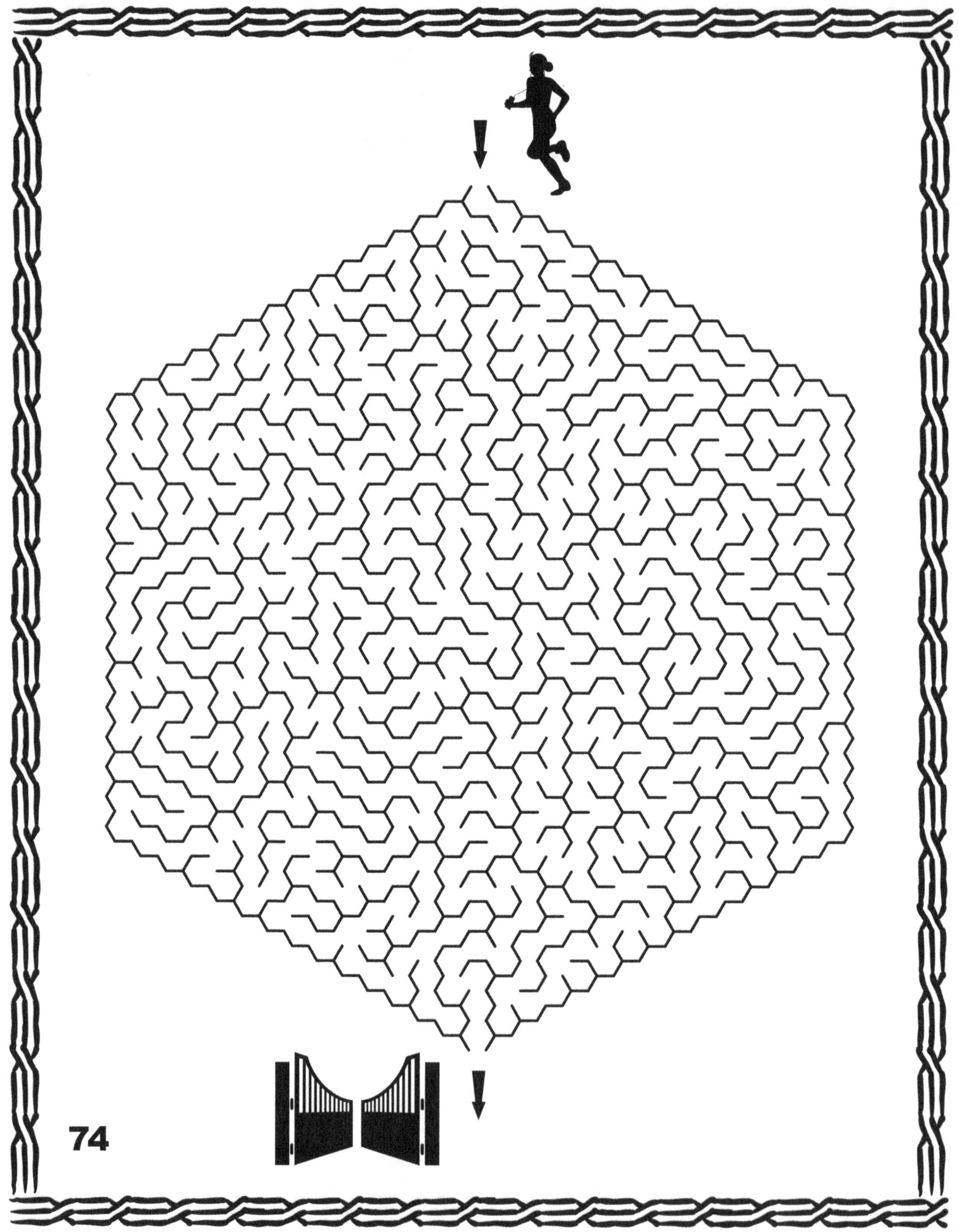

74

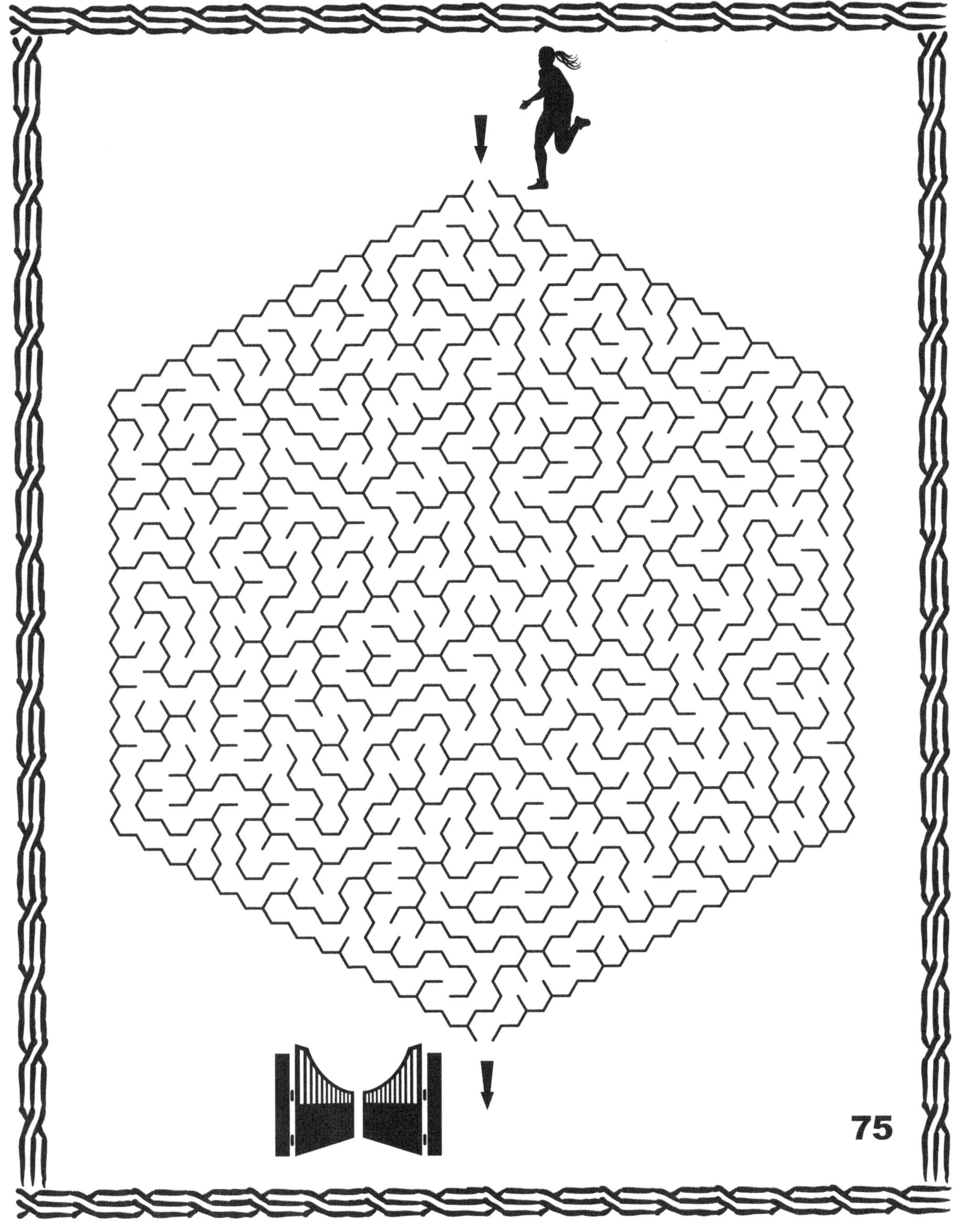

75

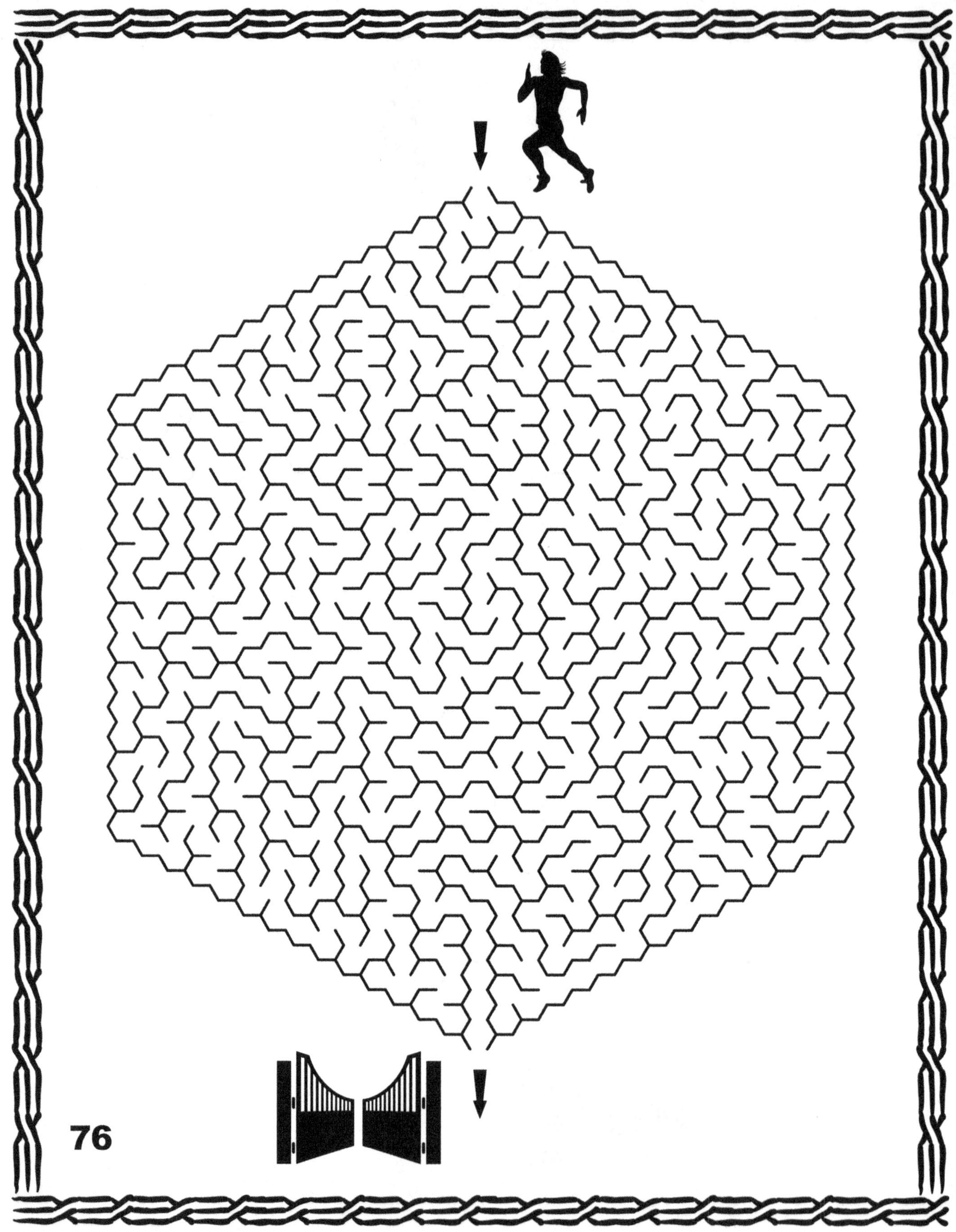

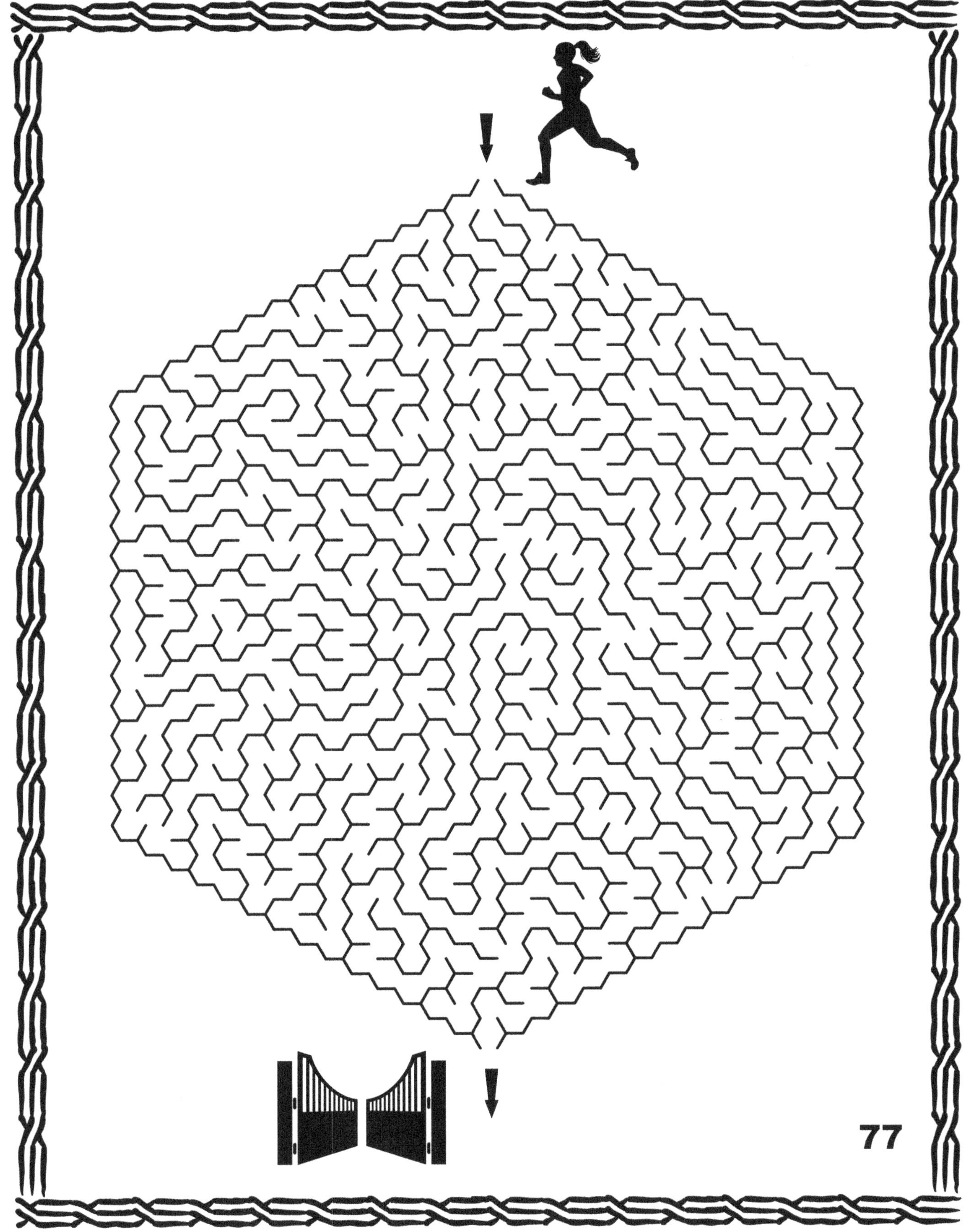

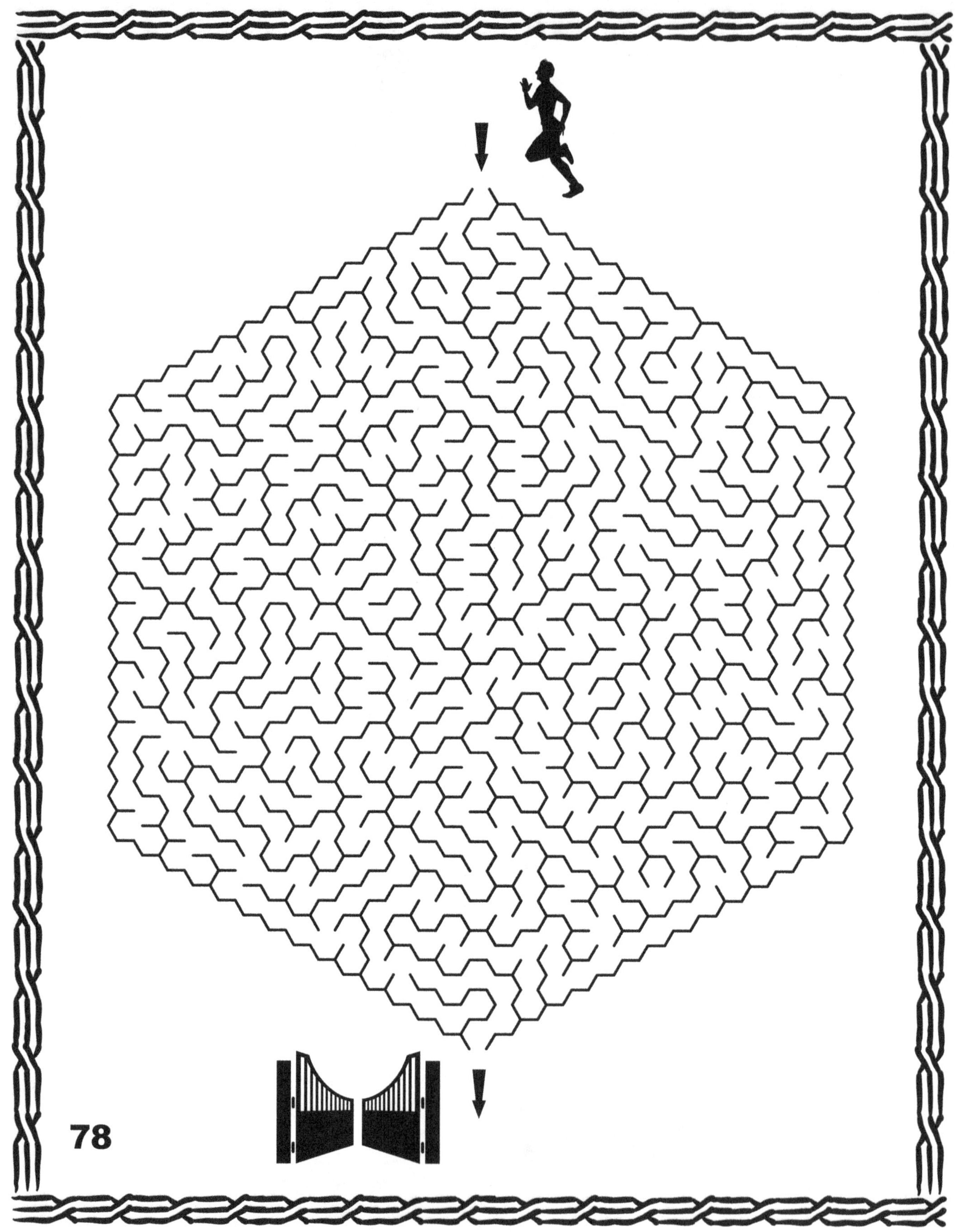

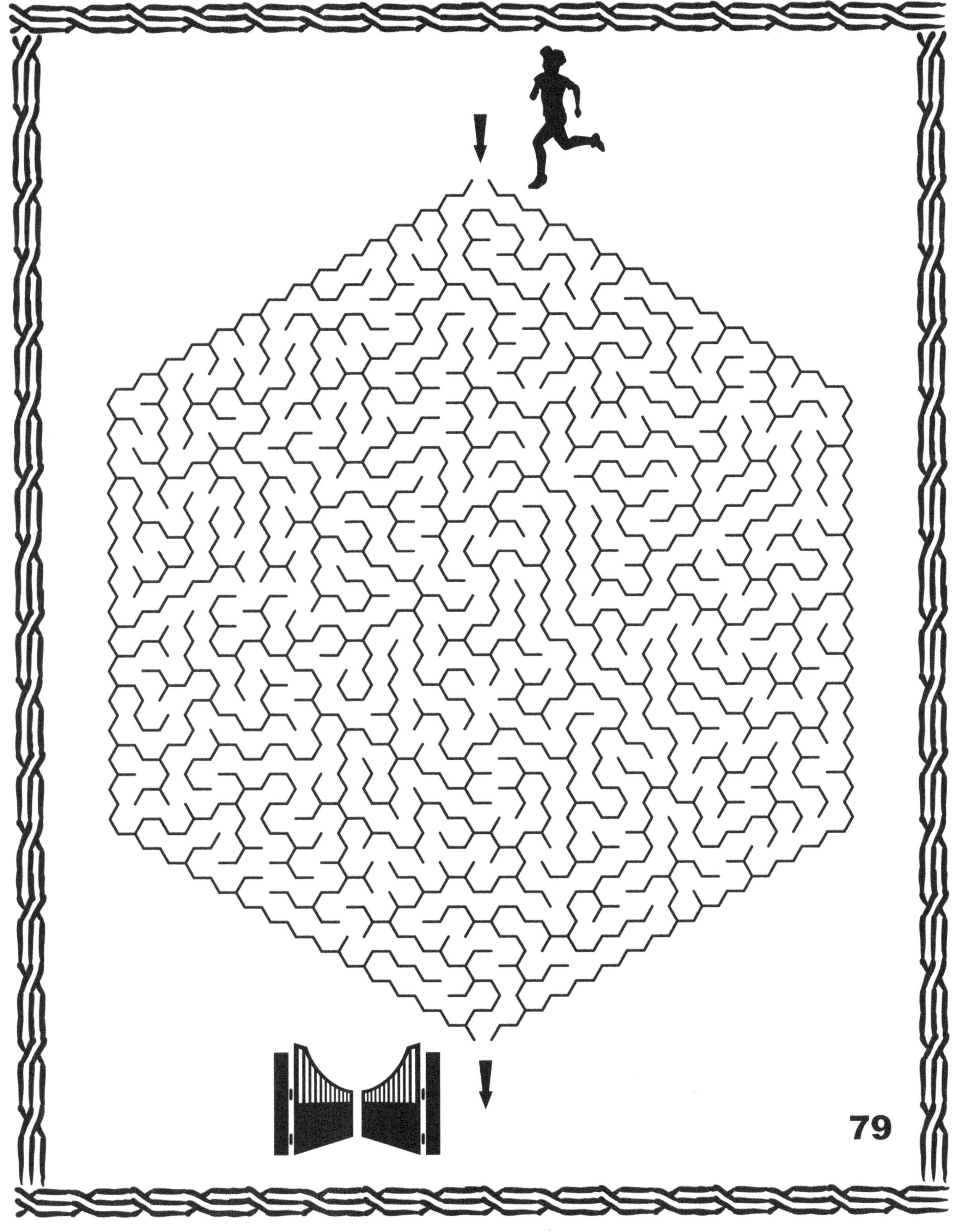

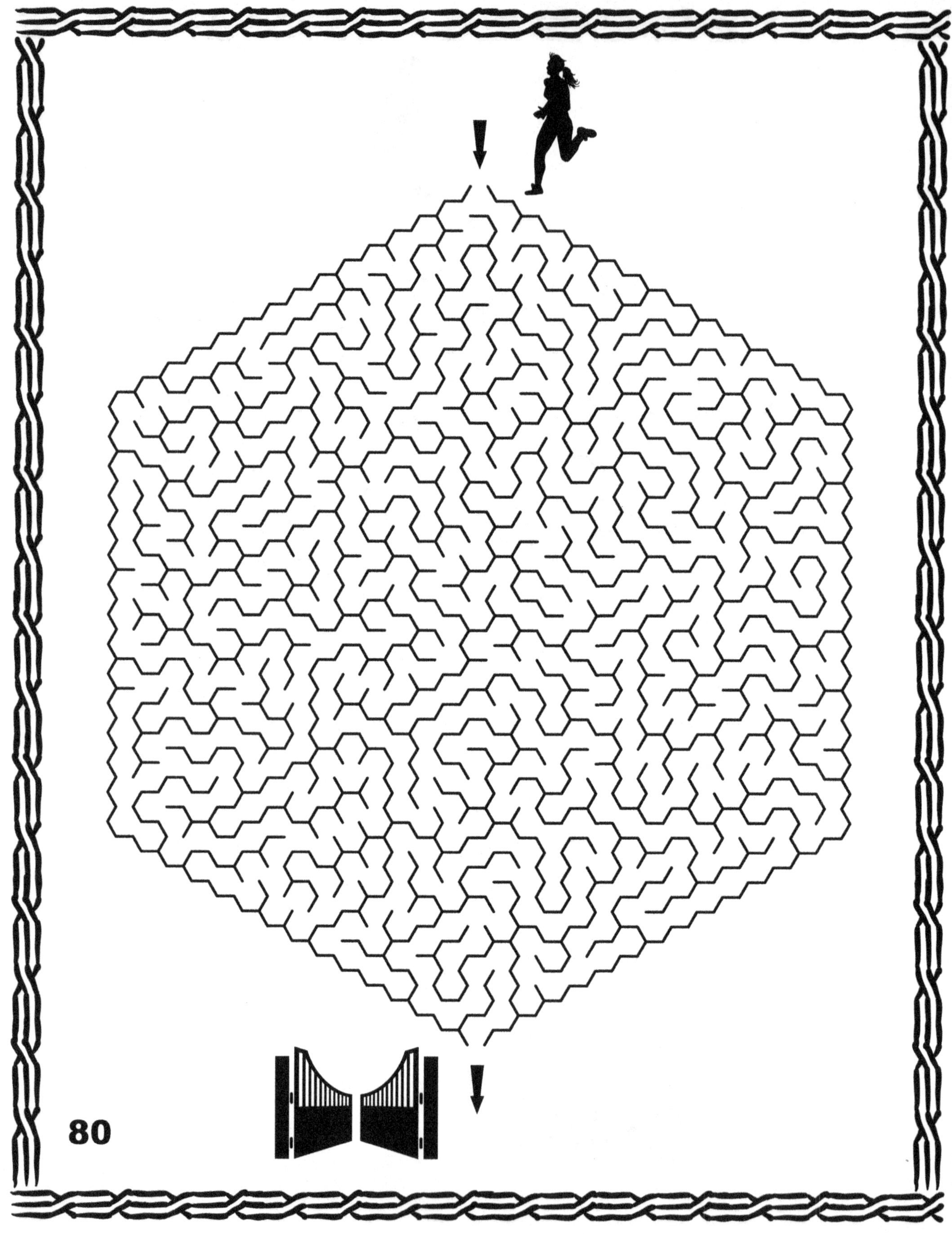

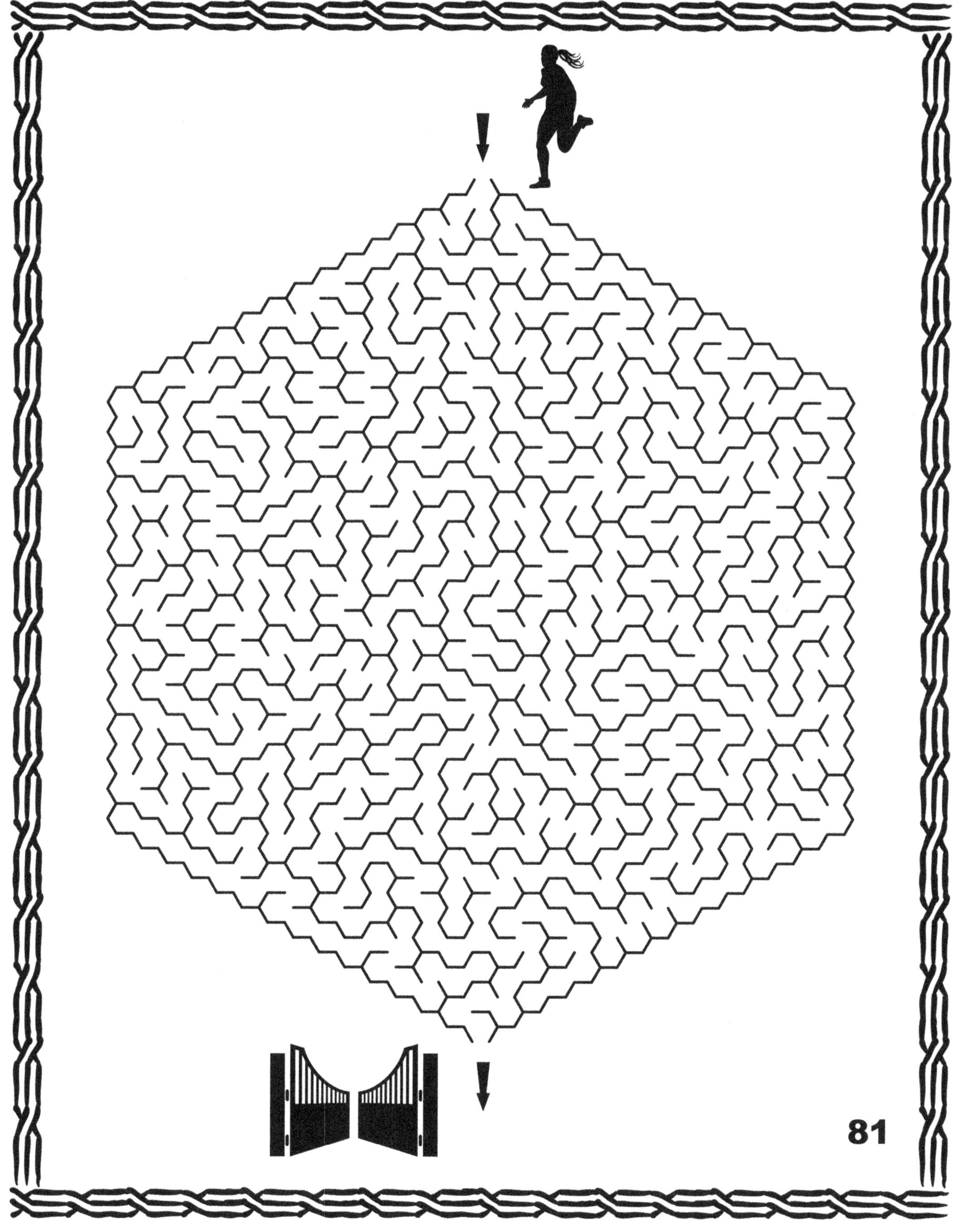

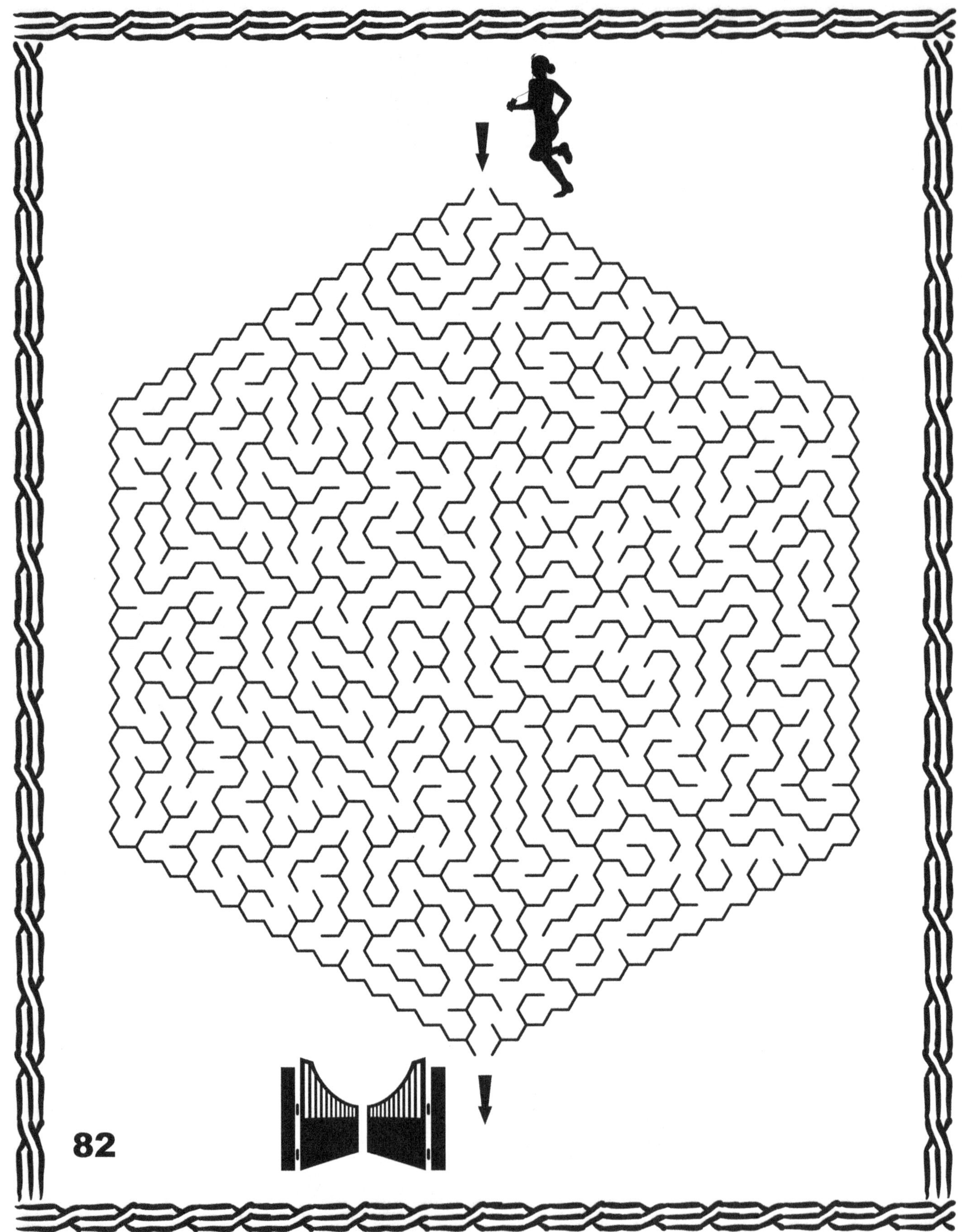

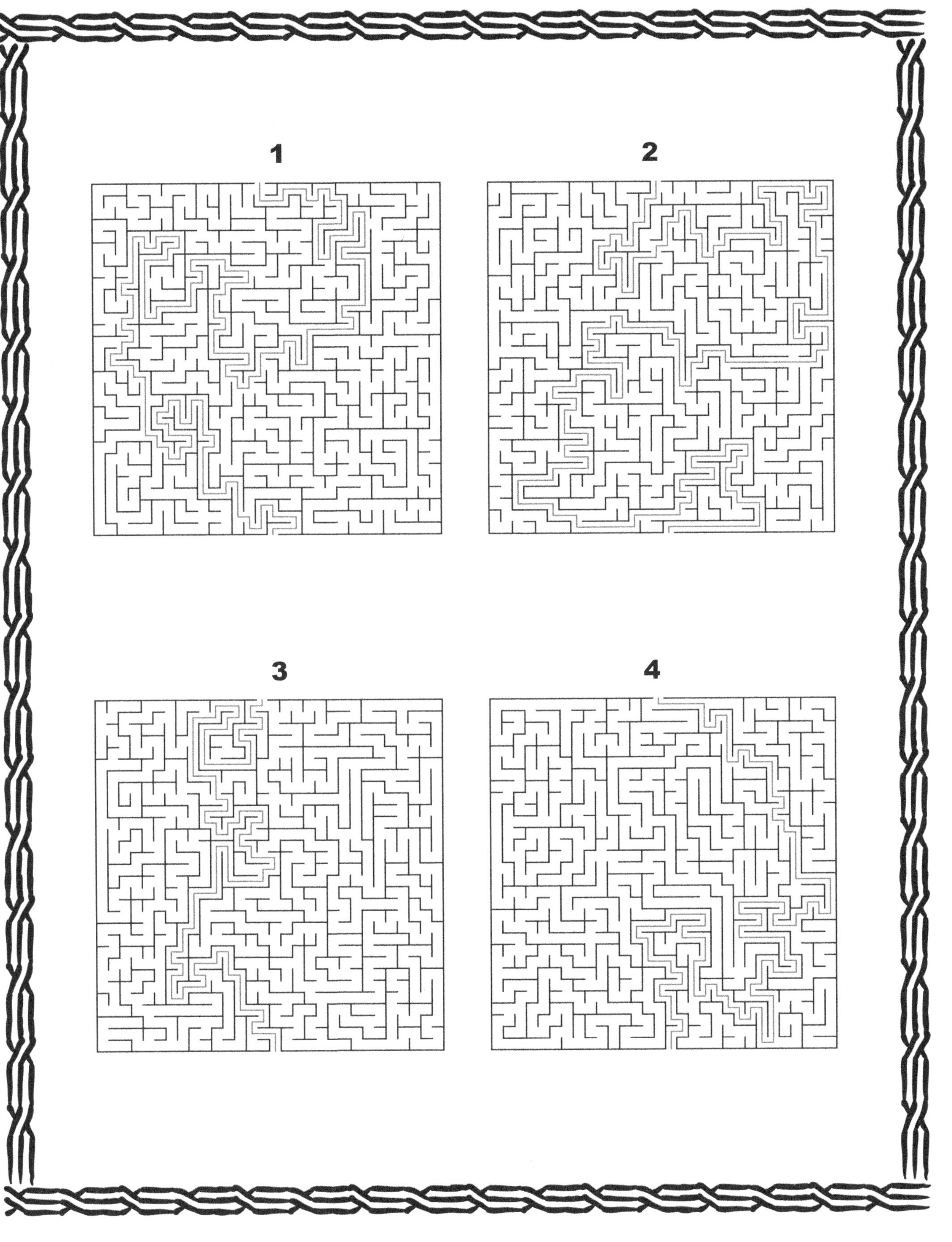
1
2
3
4

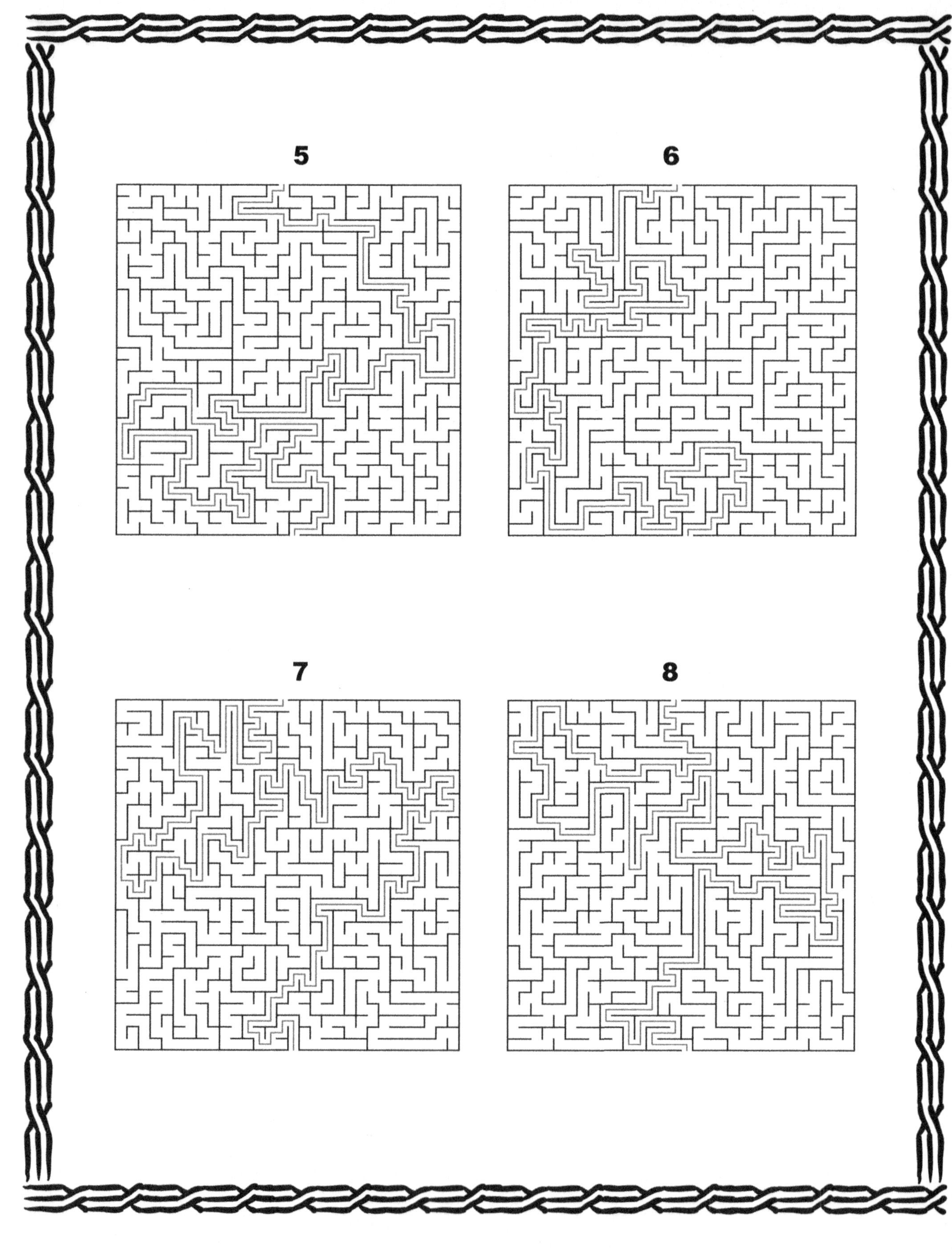

5

6

7

8

9

10

11

12

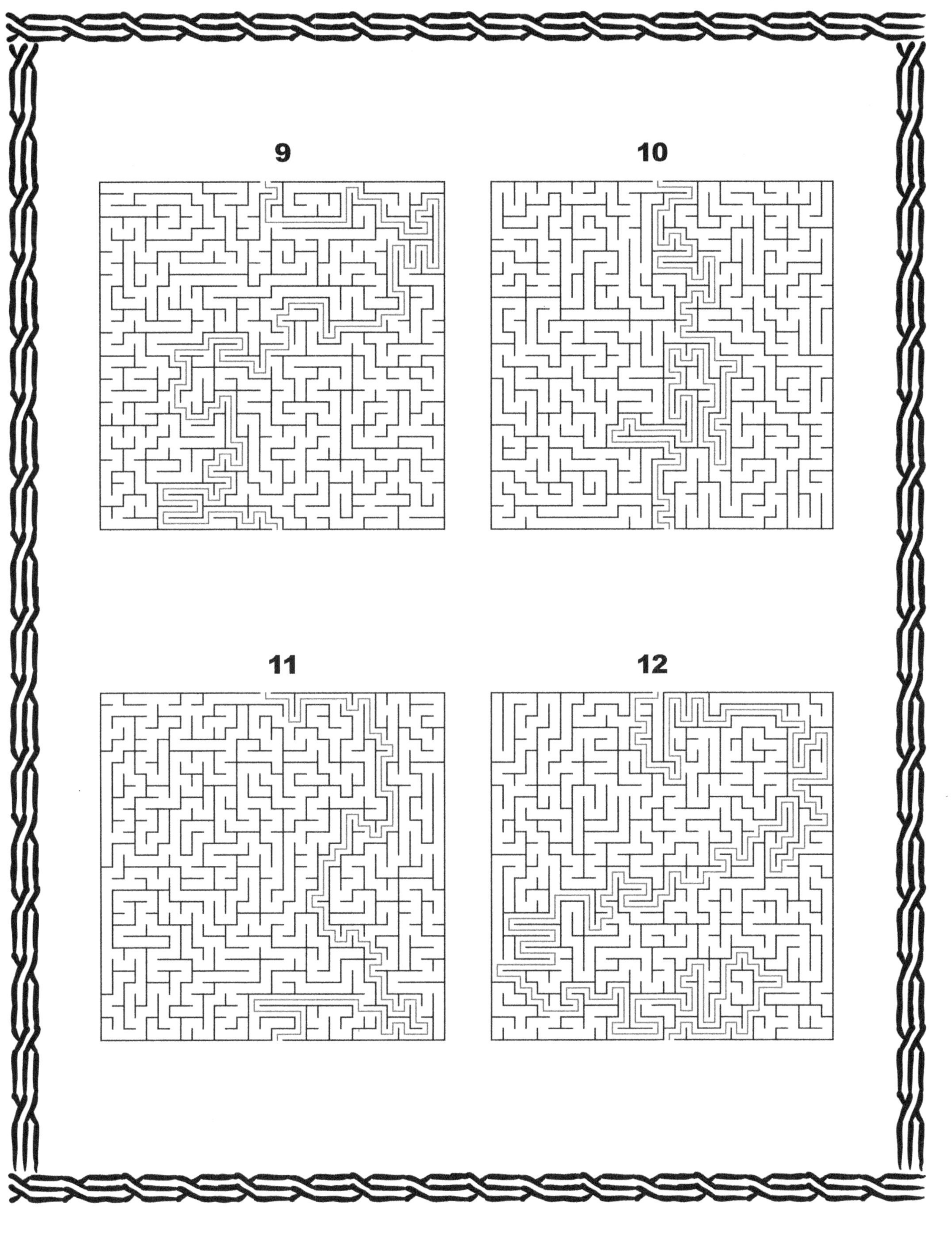

13

14

15

16

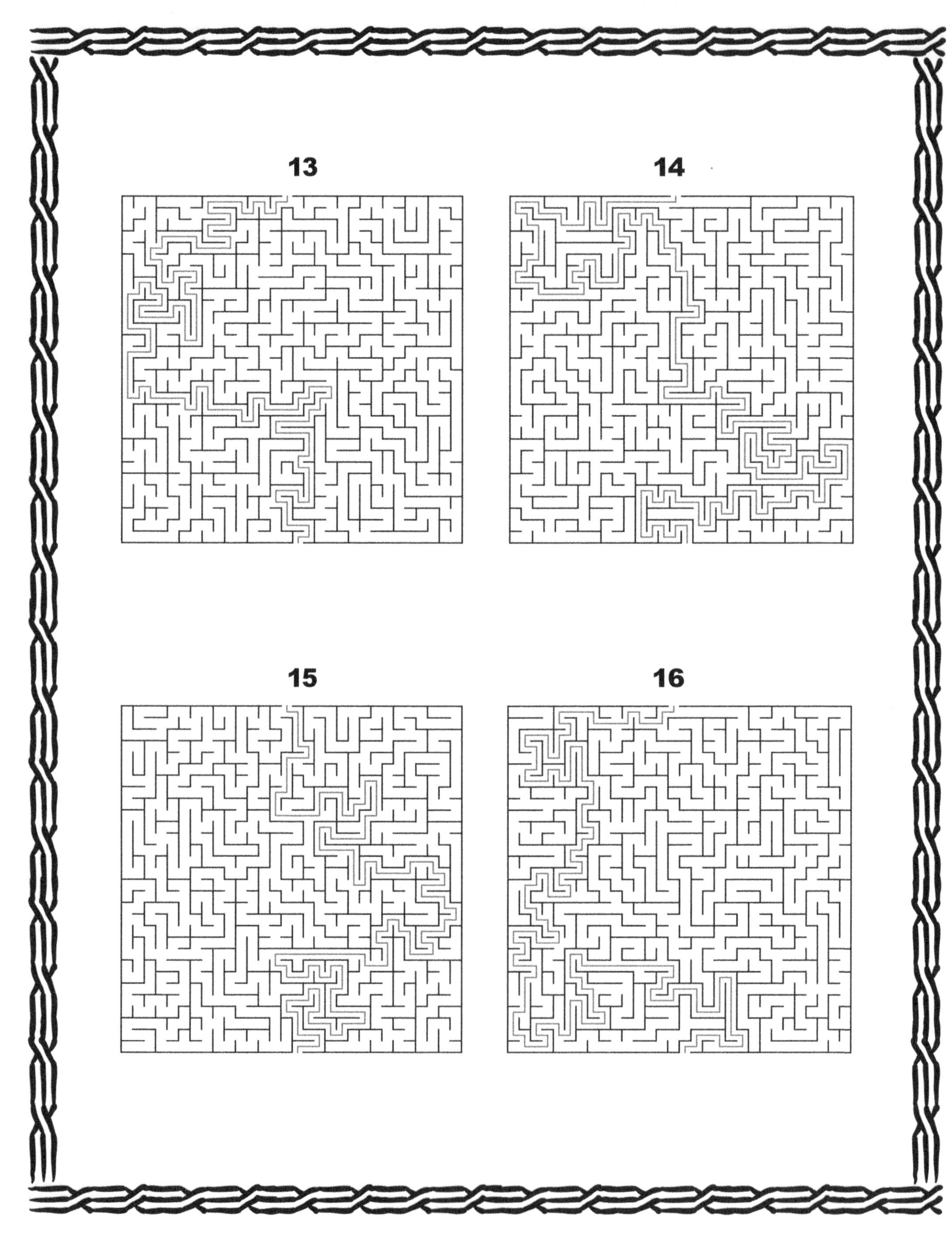

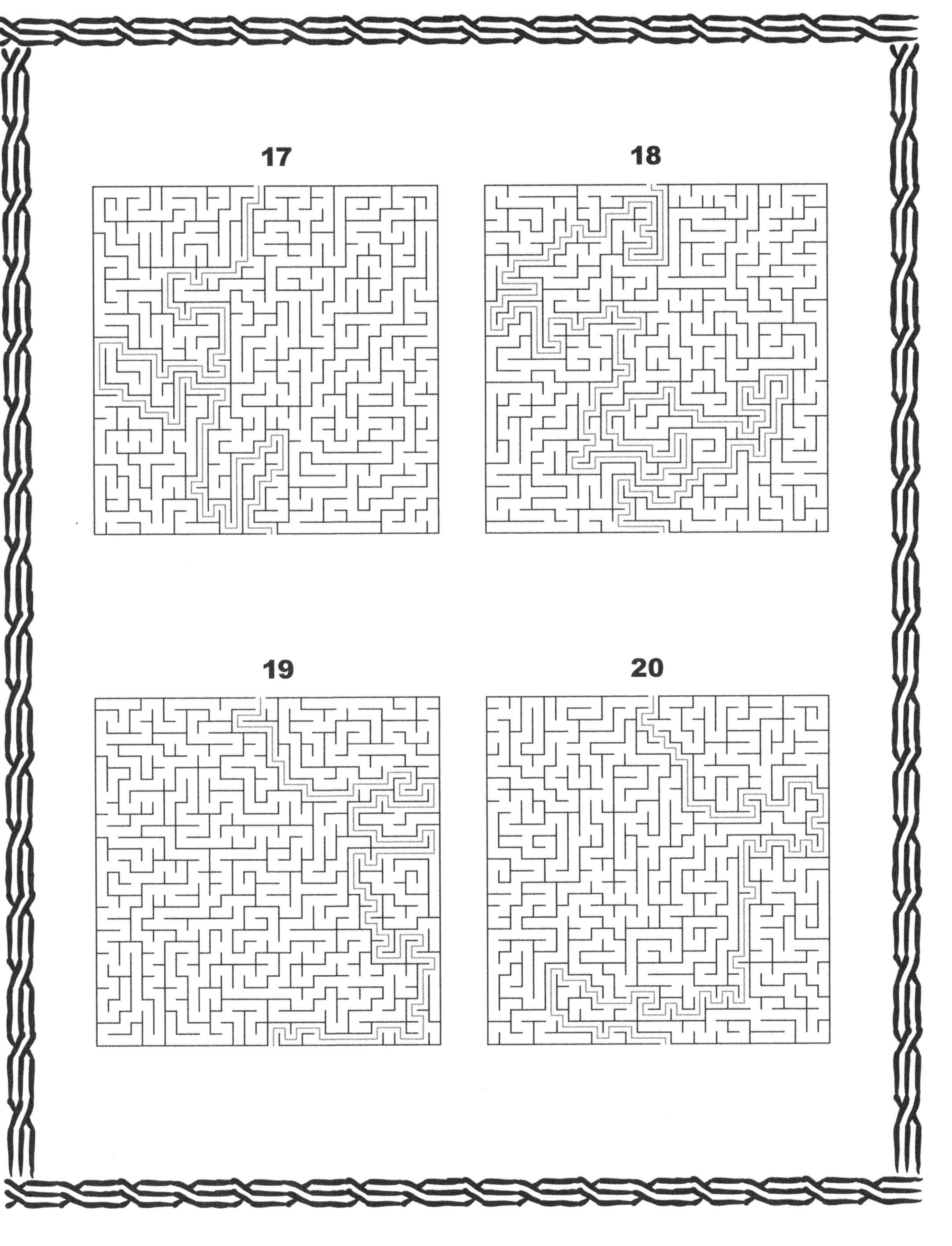

17

18

19

20

21

22

23

24

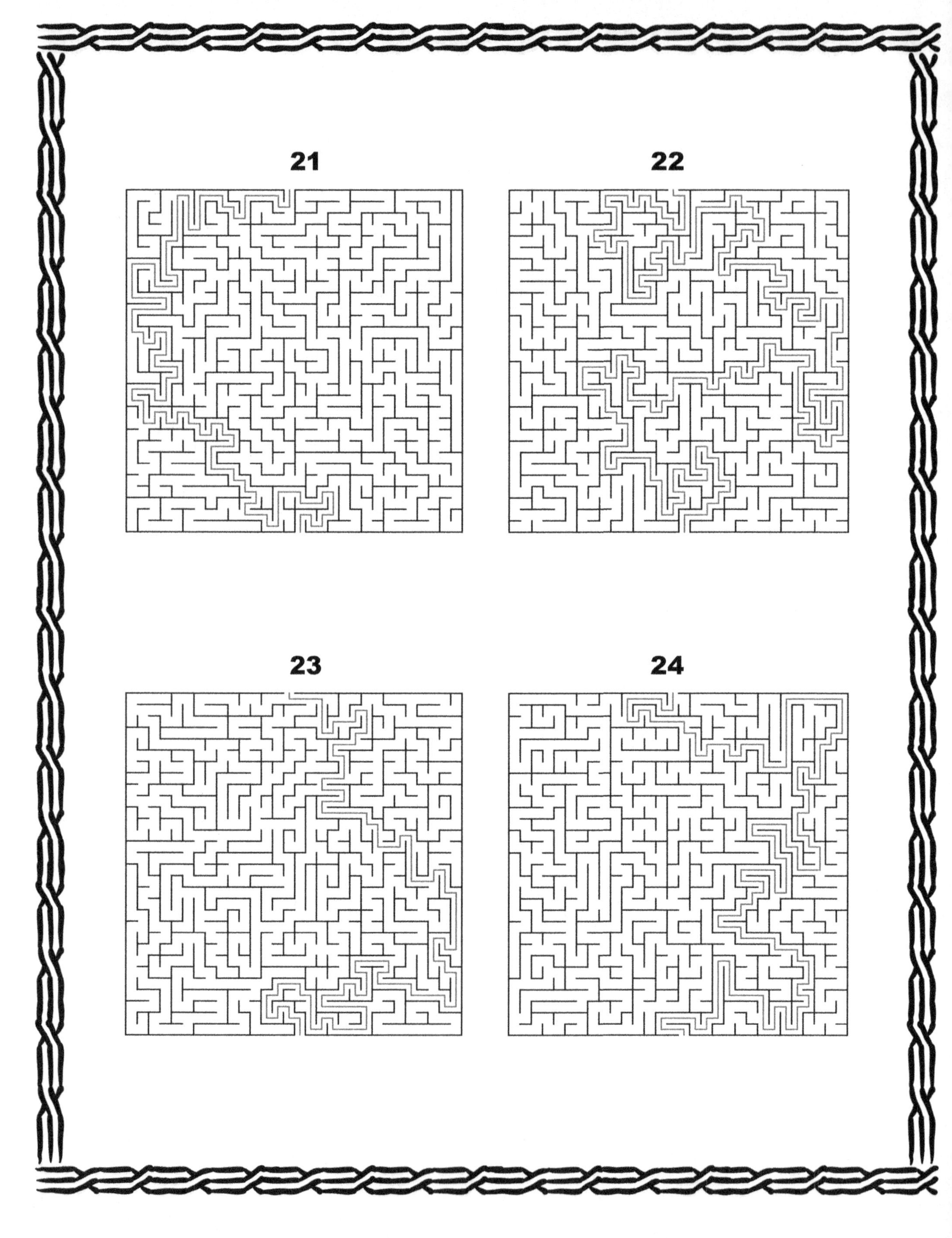

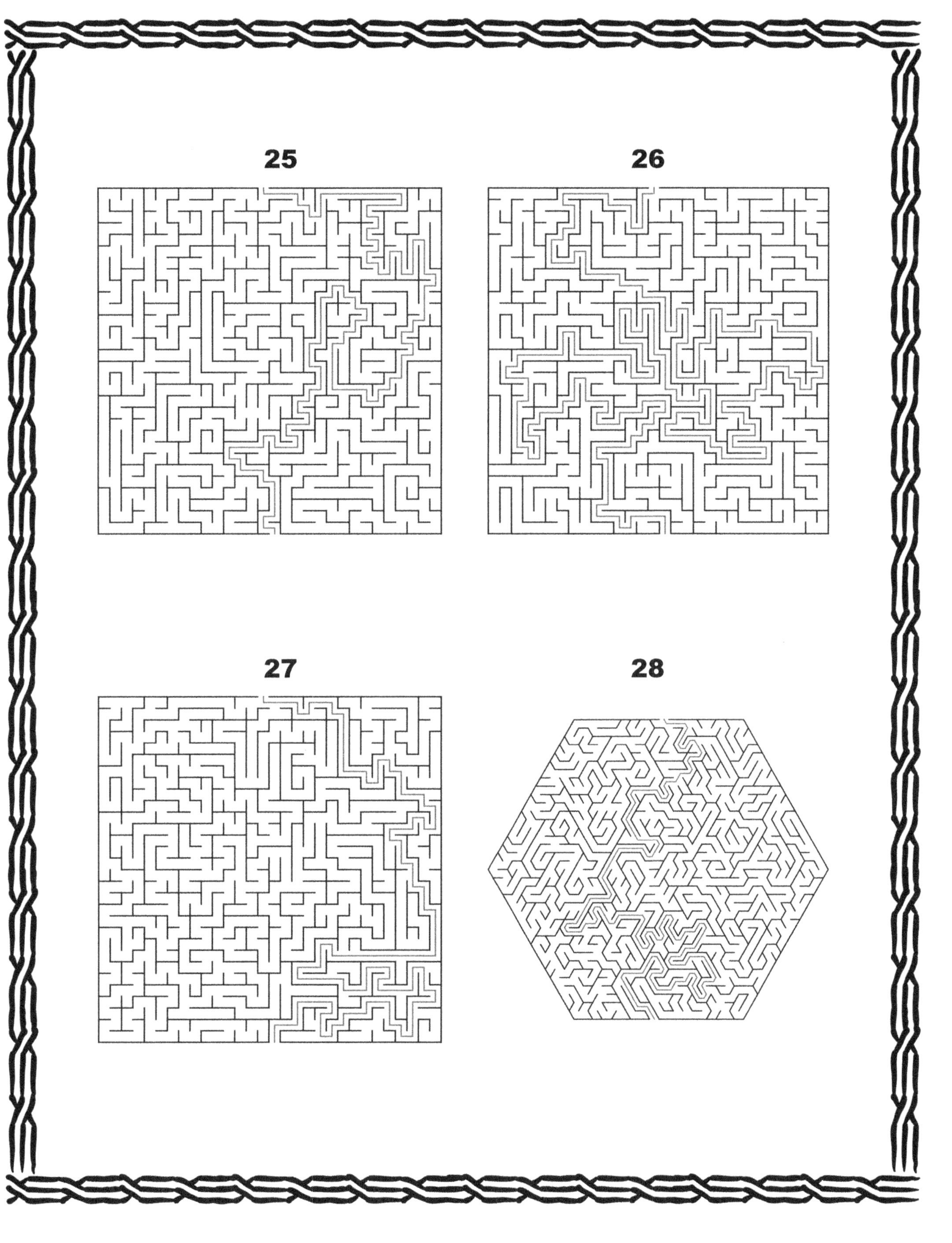

25
26
27
28

29

30

31

32

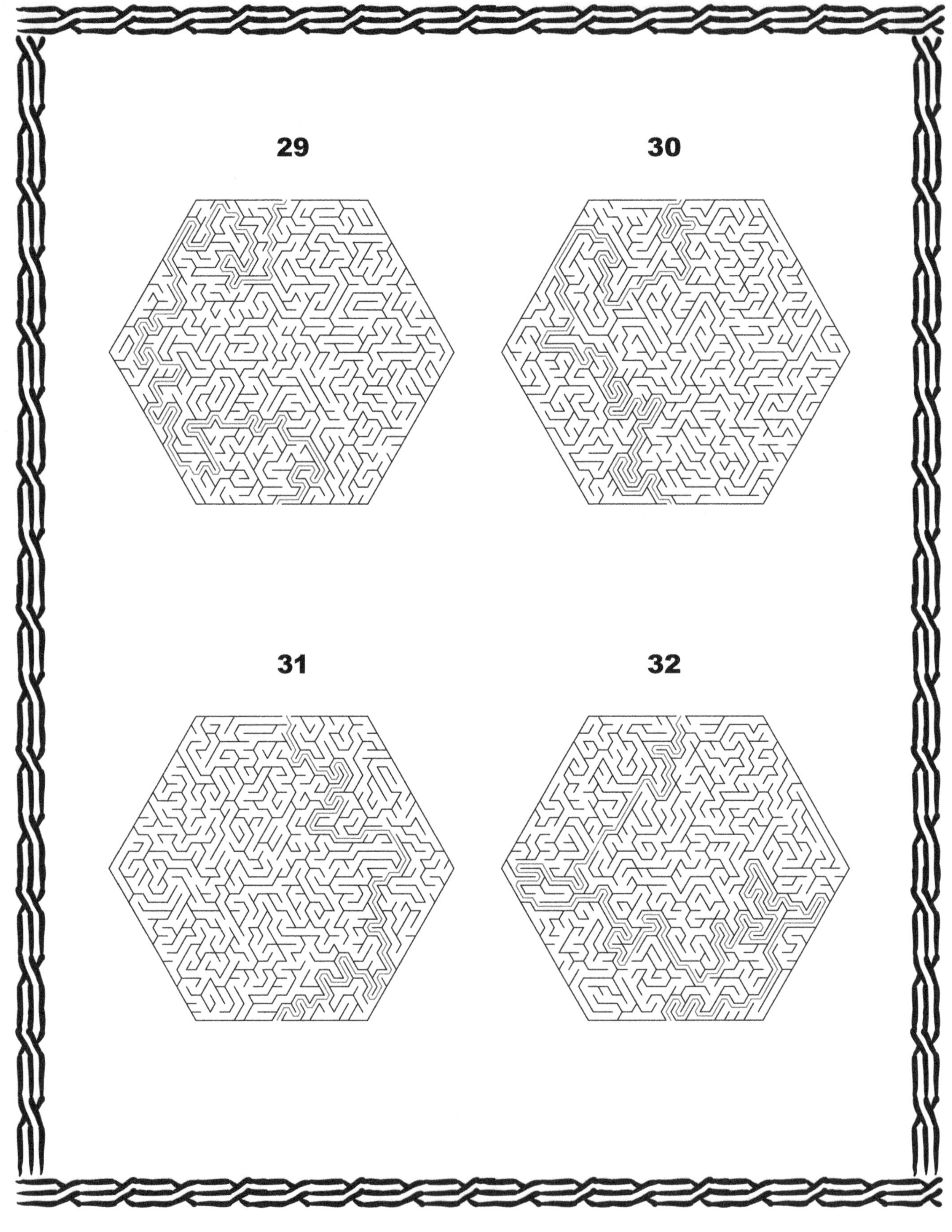

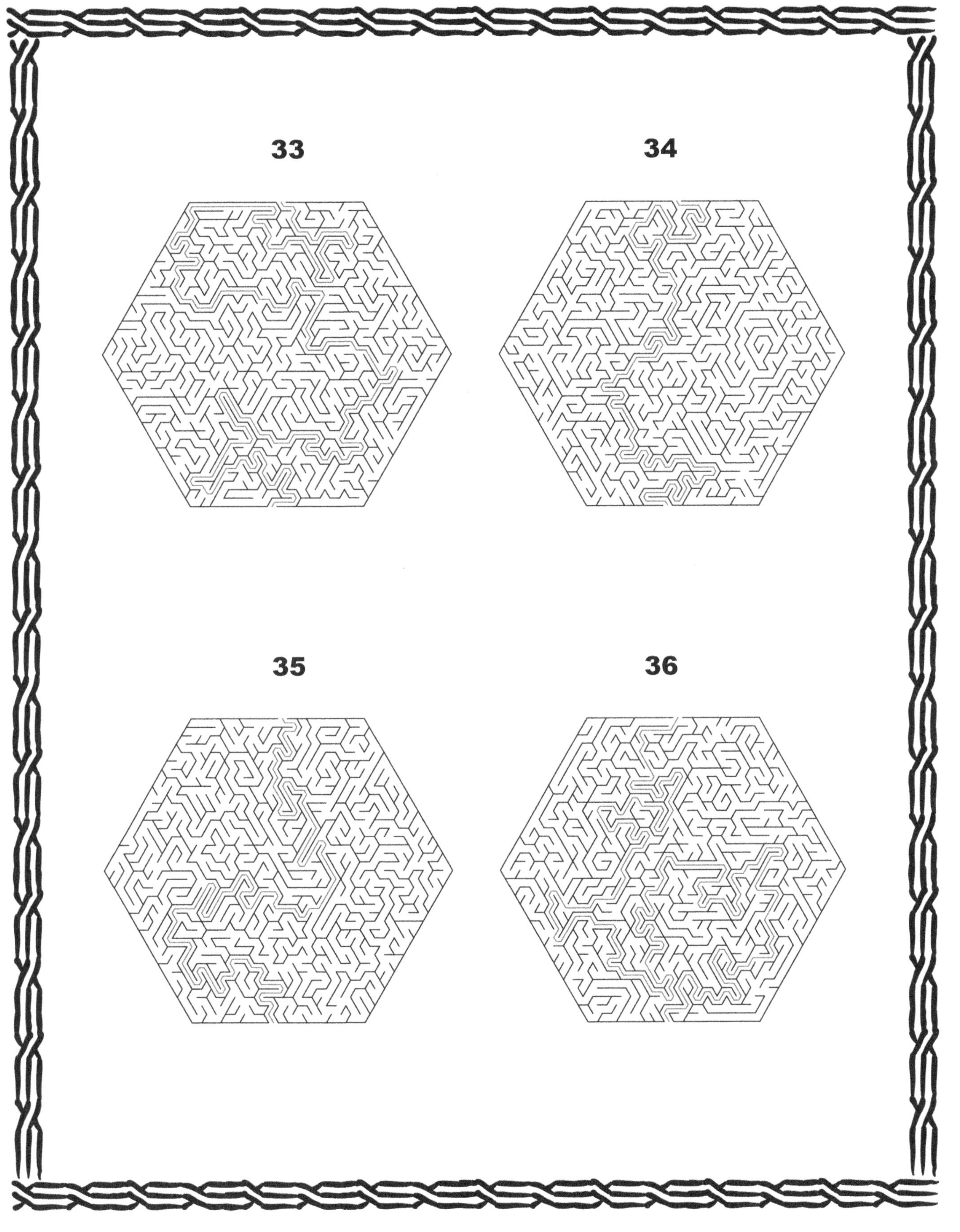
33
34
35
36

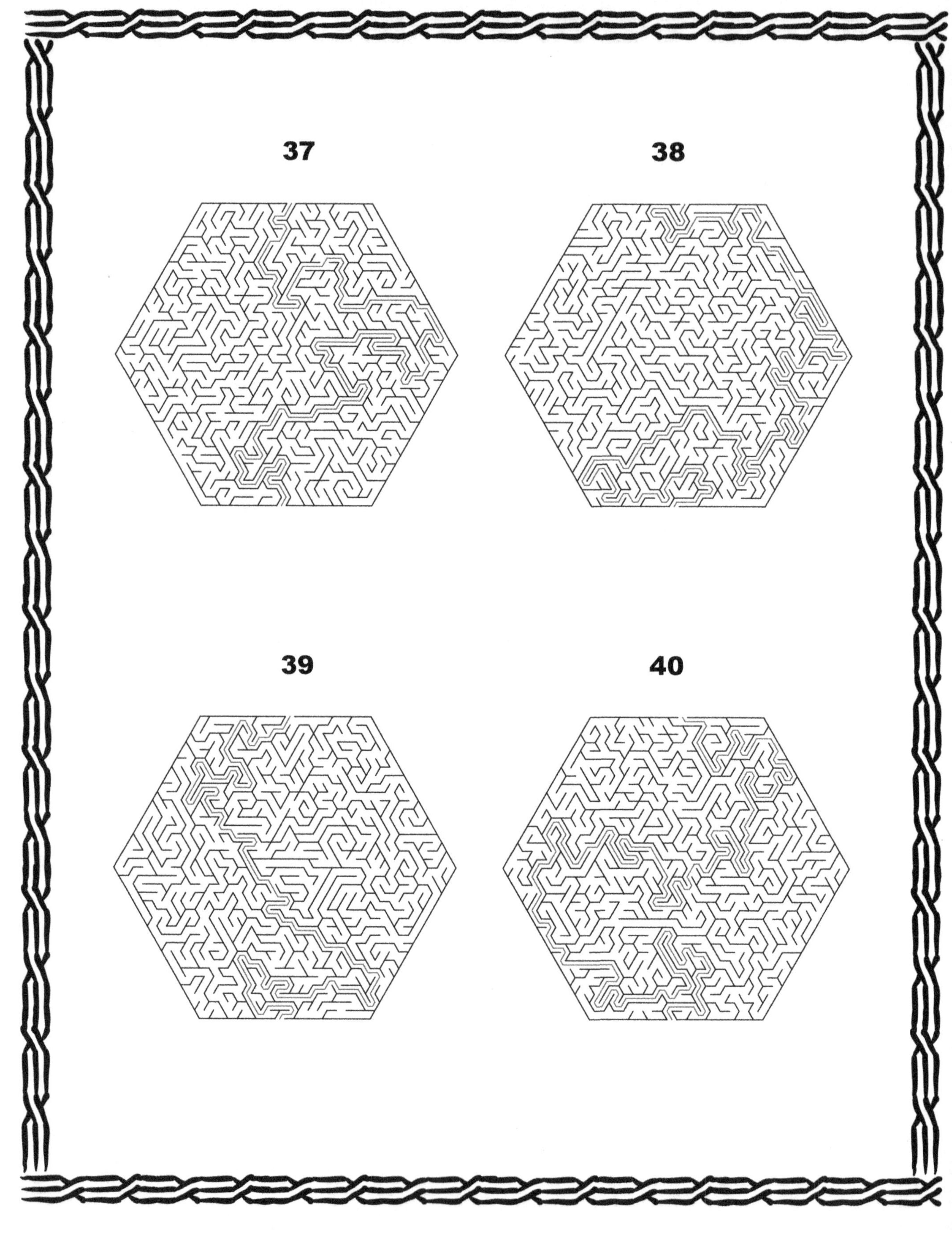

37

38

39

40

41

42

43

44

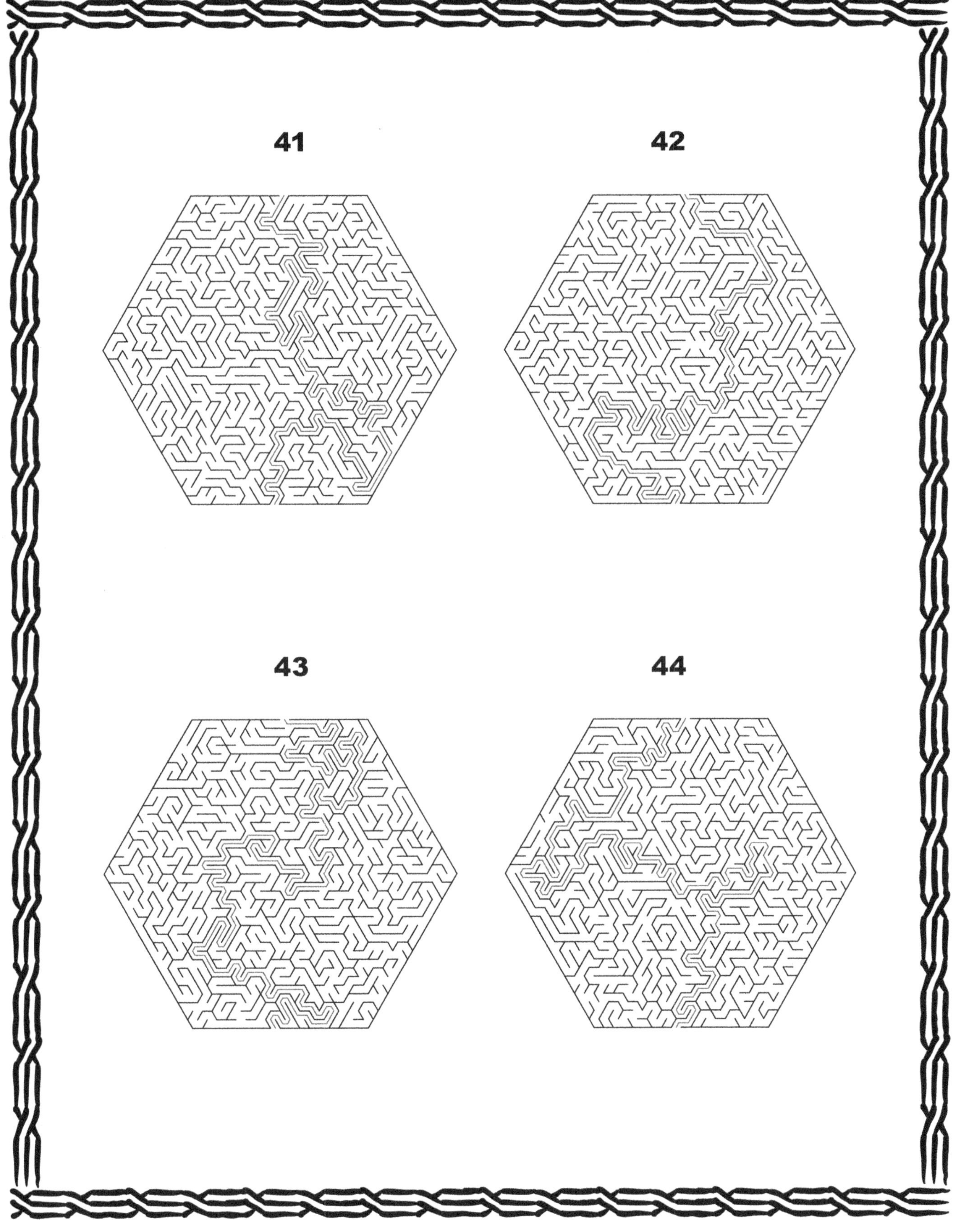

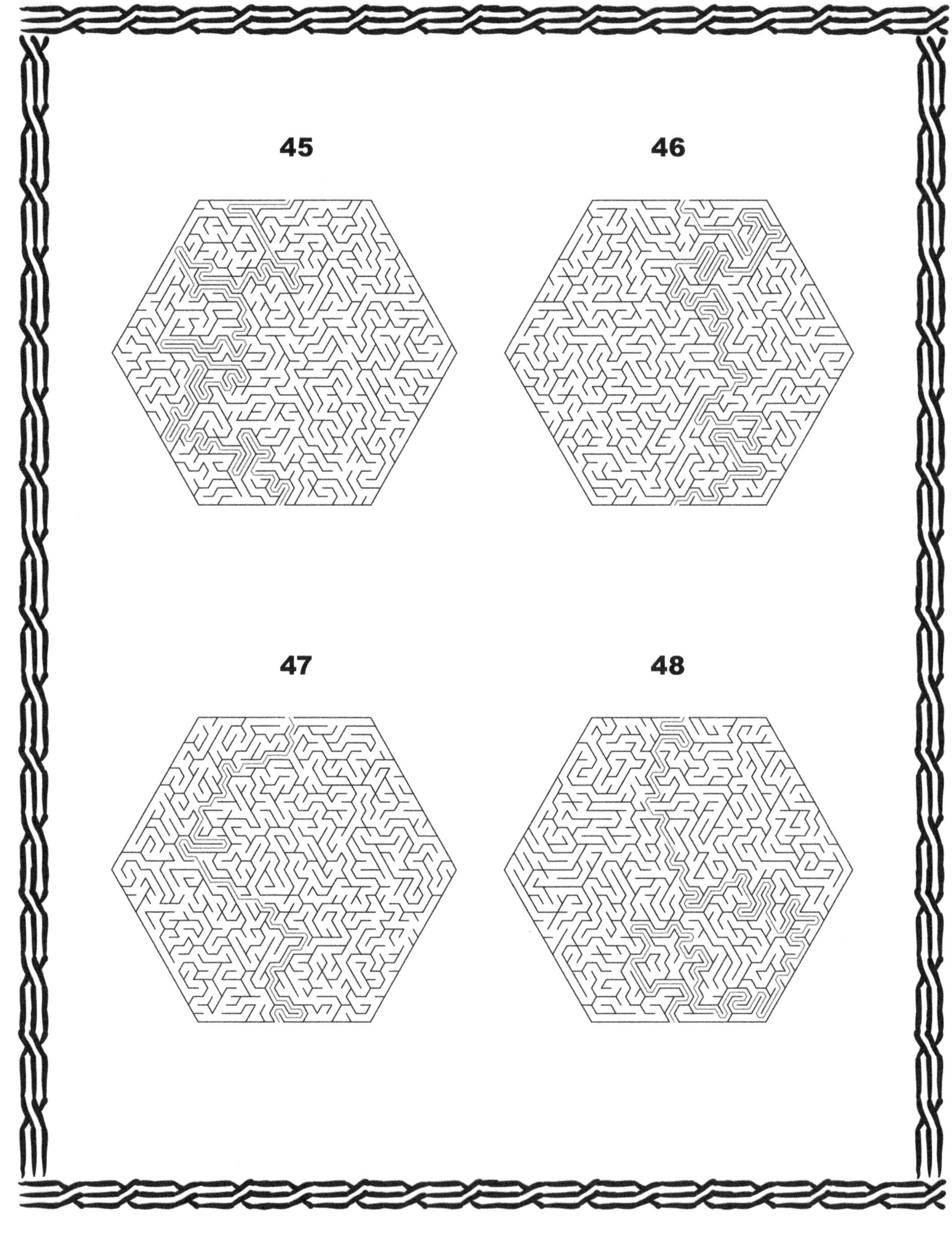

45
46
47
48

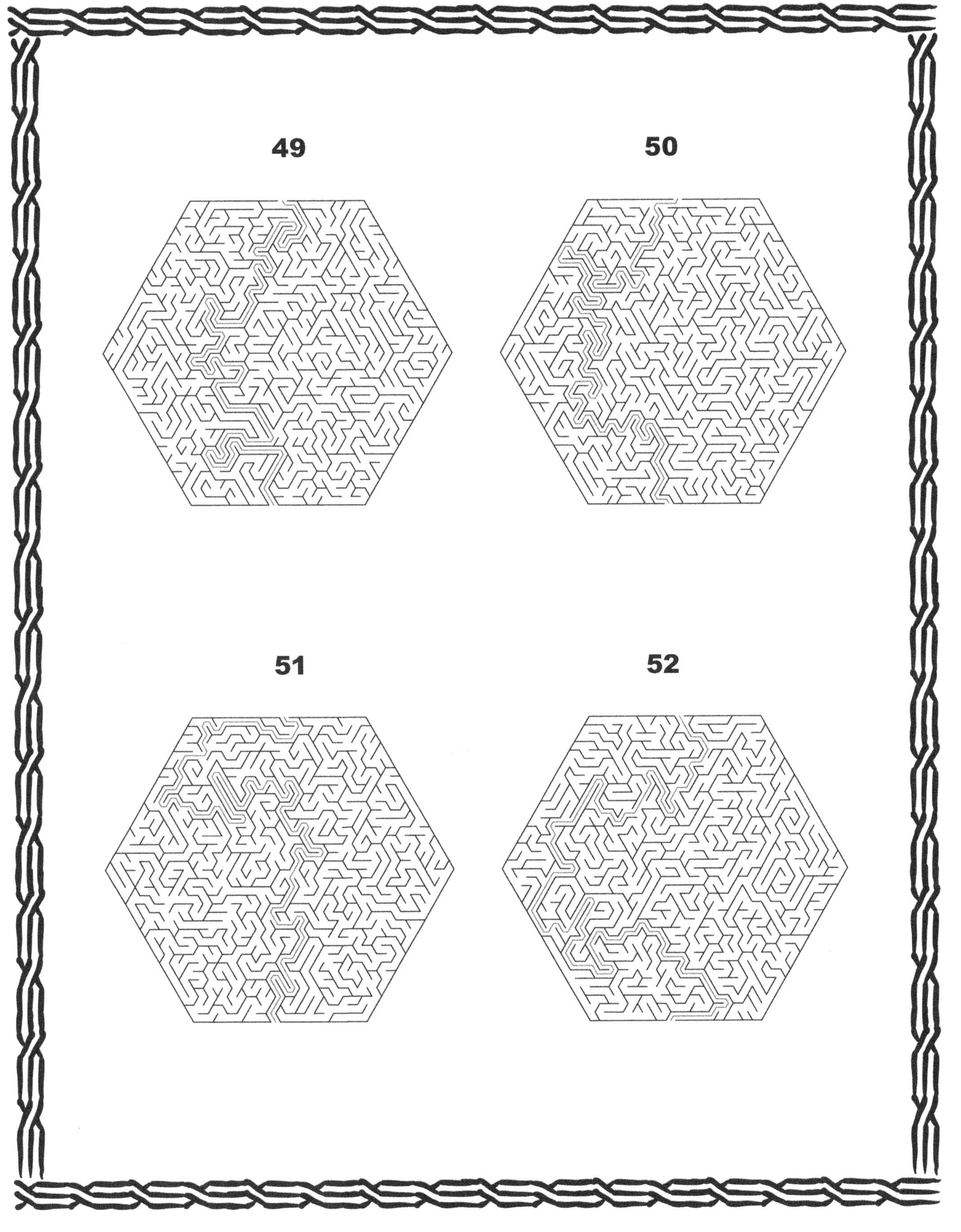

49

50

51

52

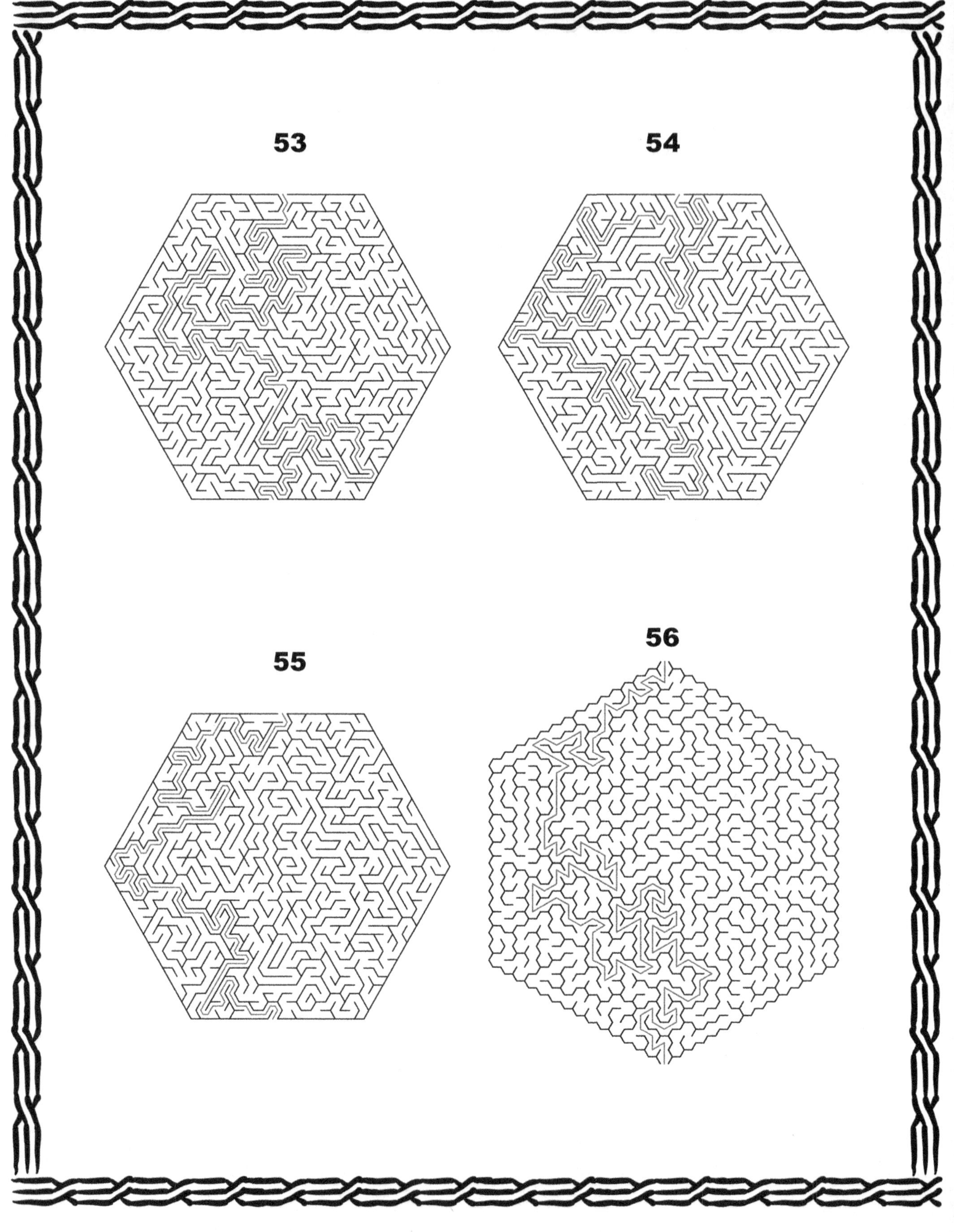

53
54
55
56

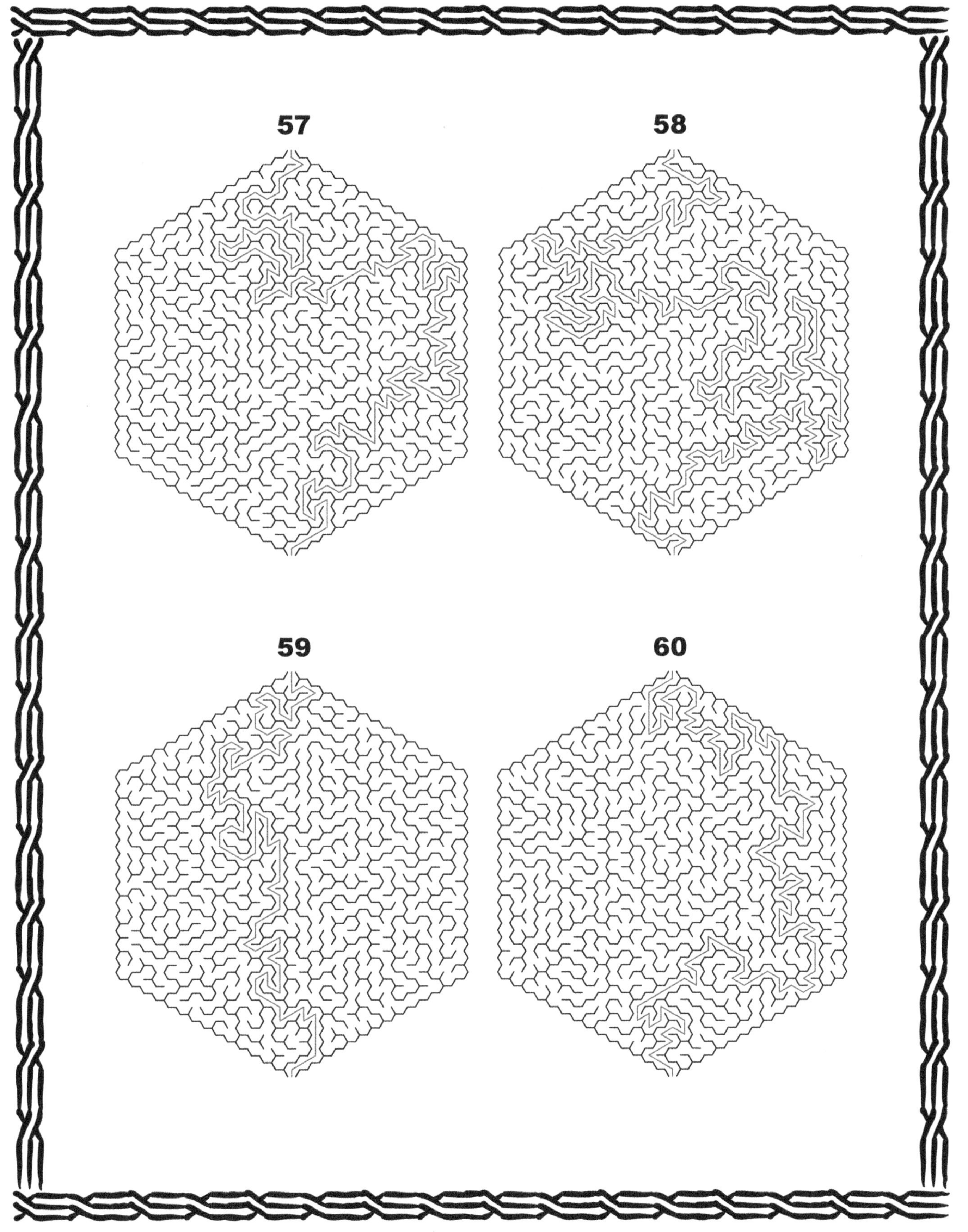

57
58
59
60

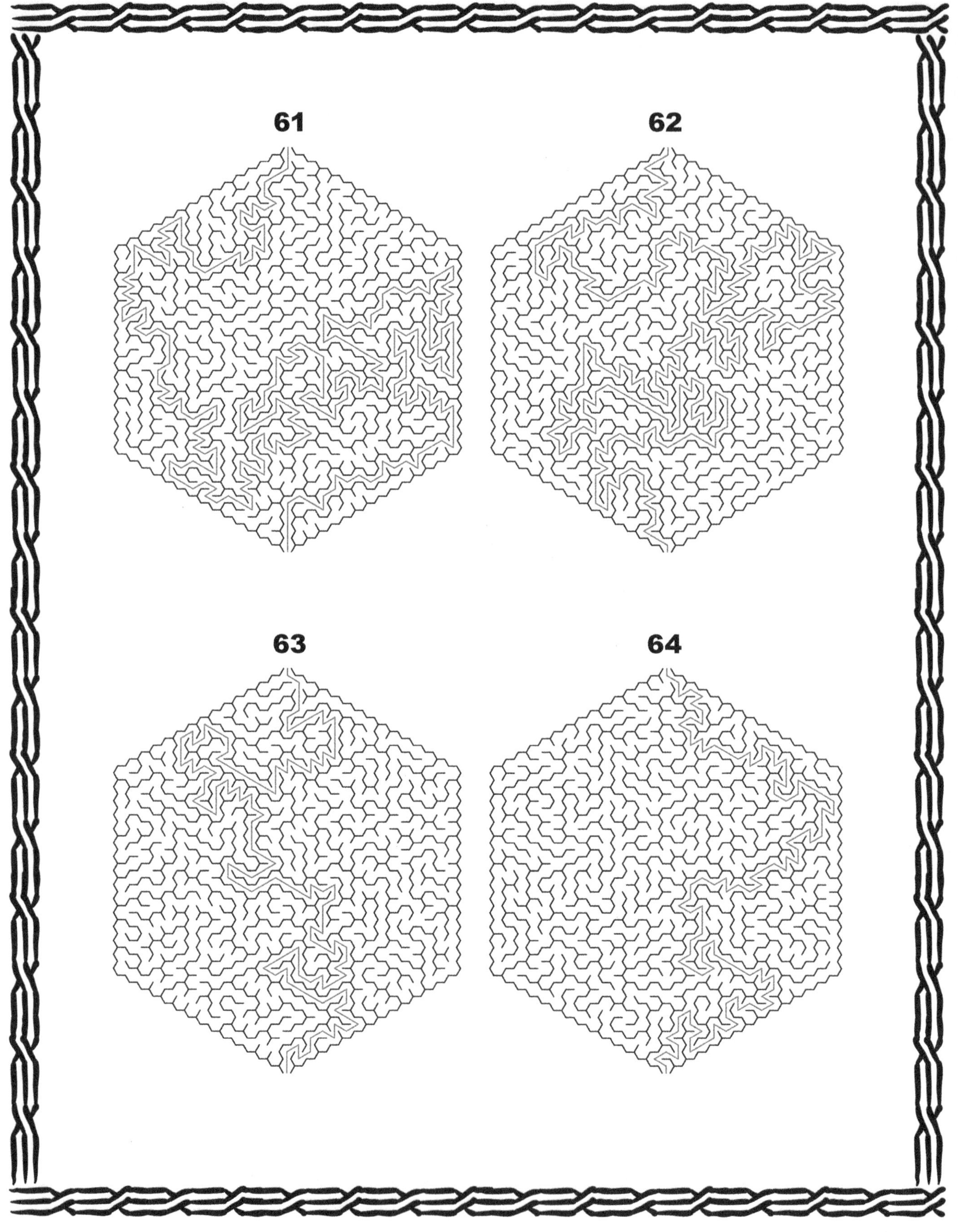

61

62

63

64

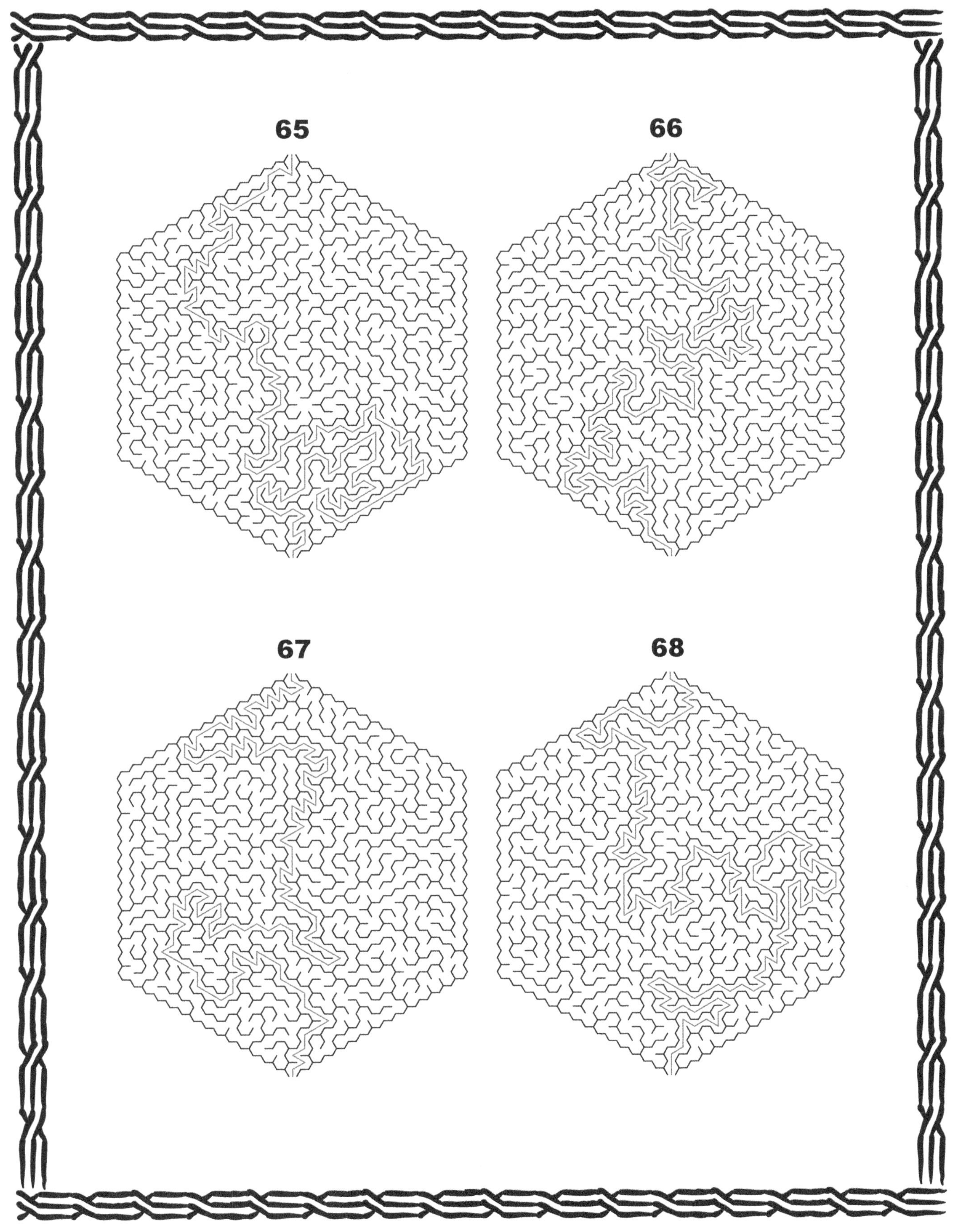
65
66
67
68

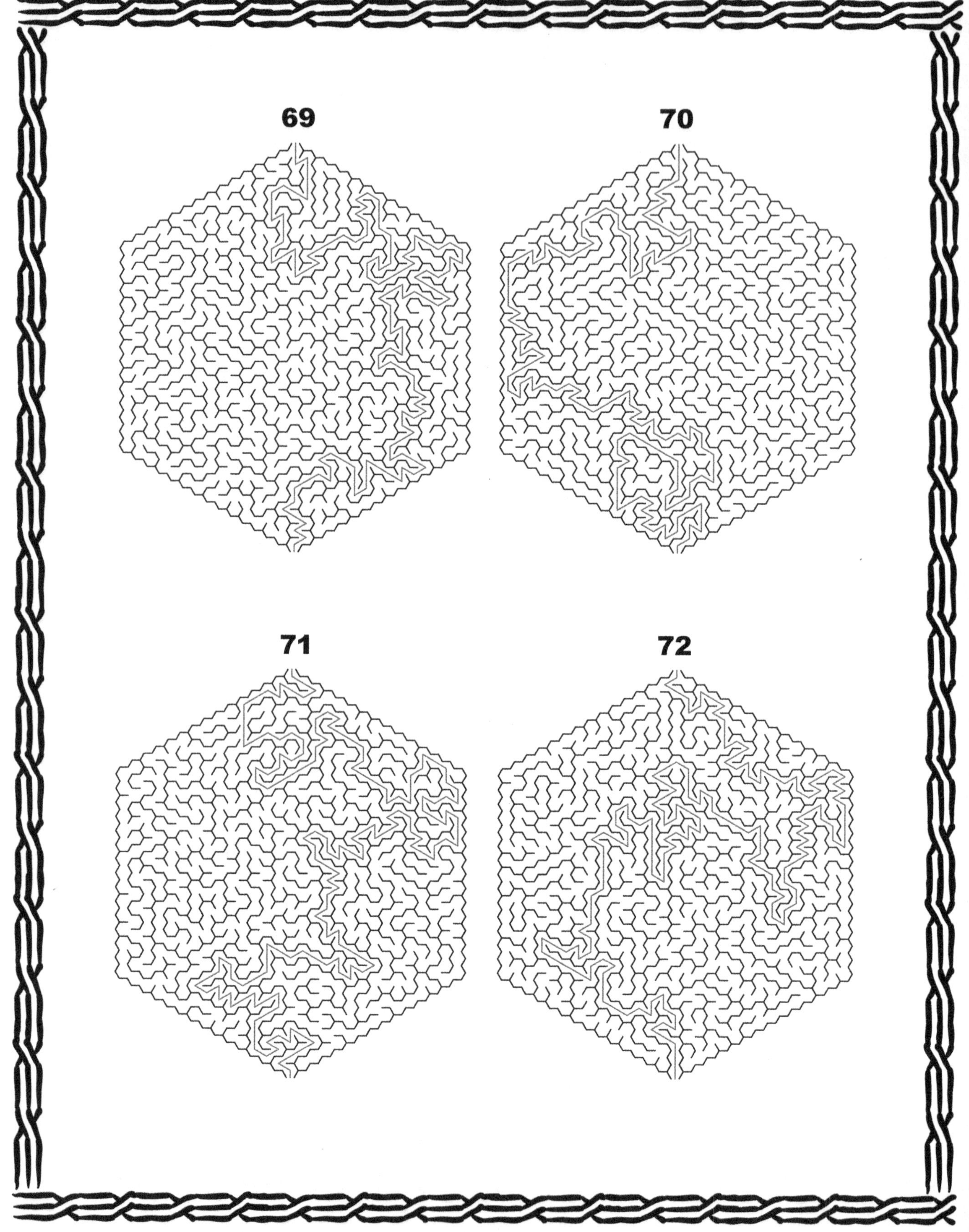

69
70
71
72

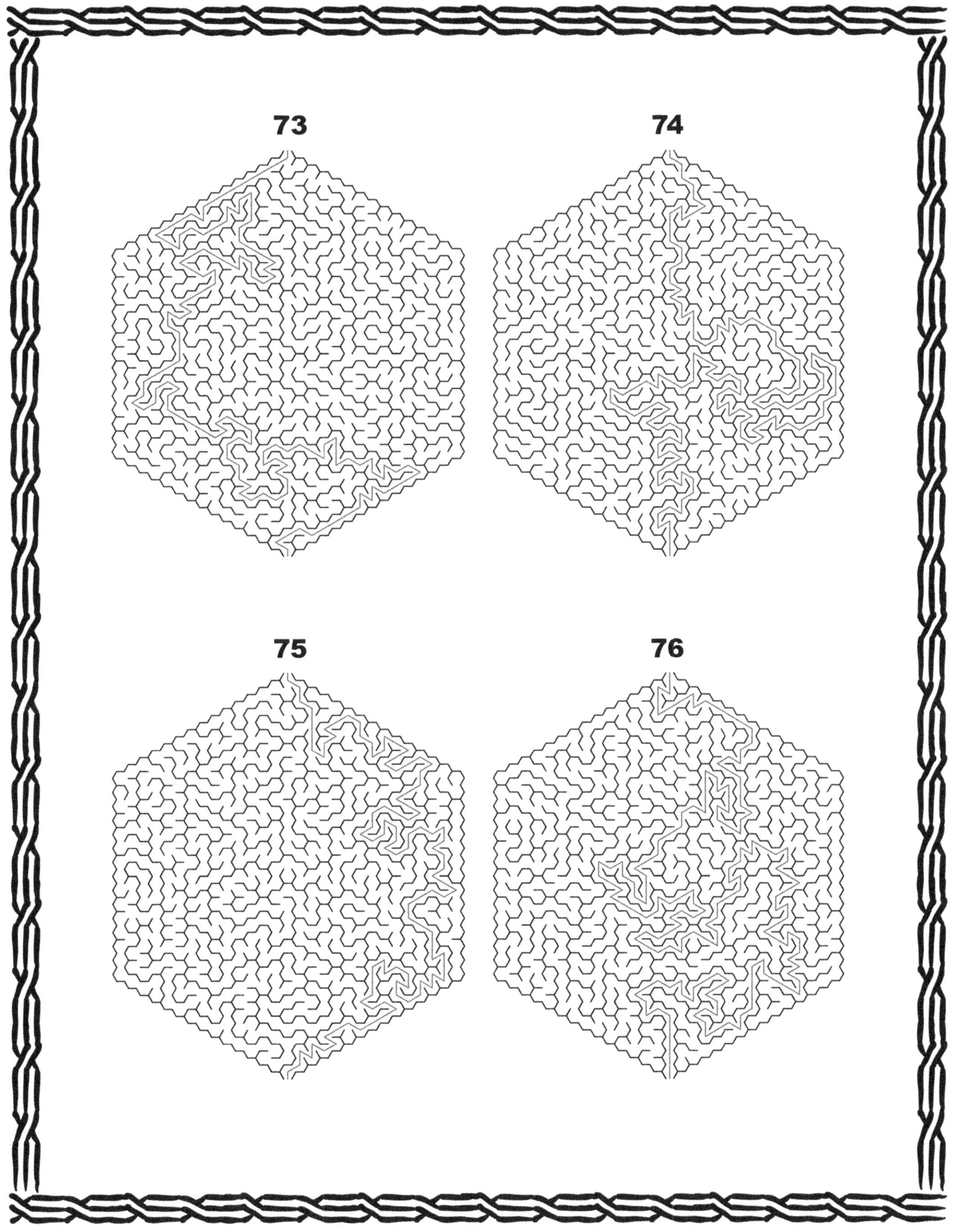

73
74
75
76

77

78

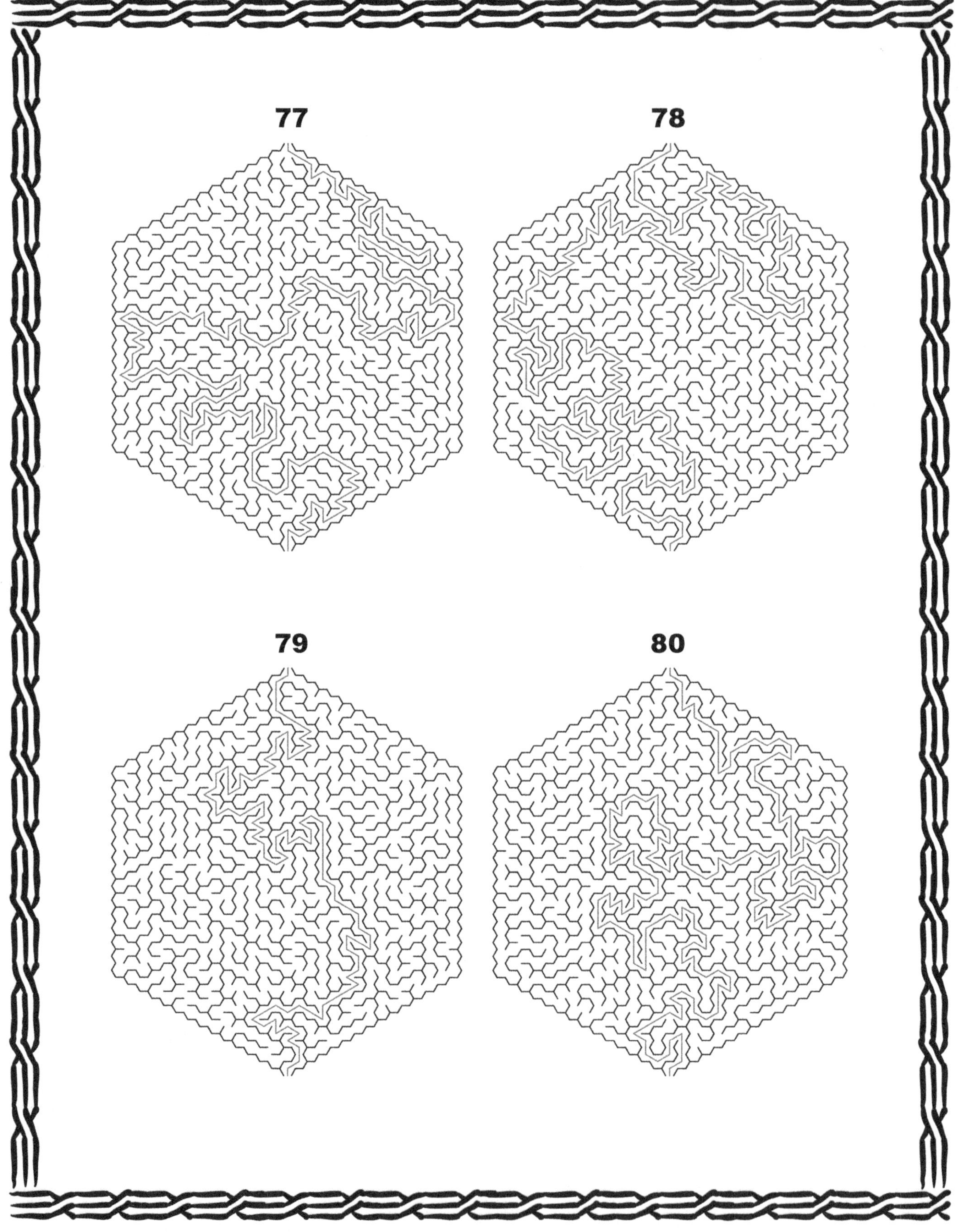

79

80

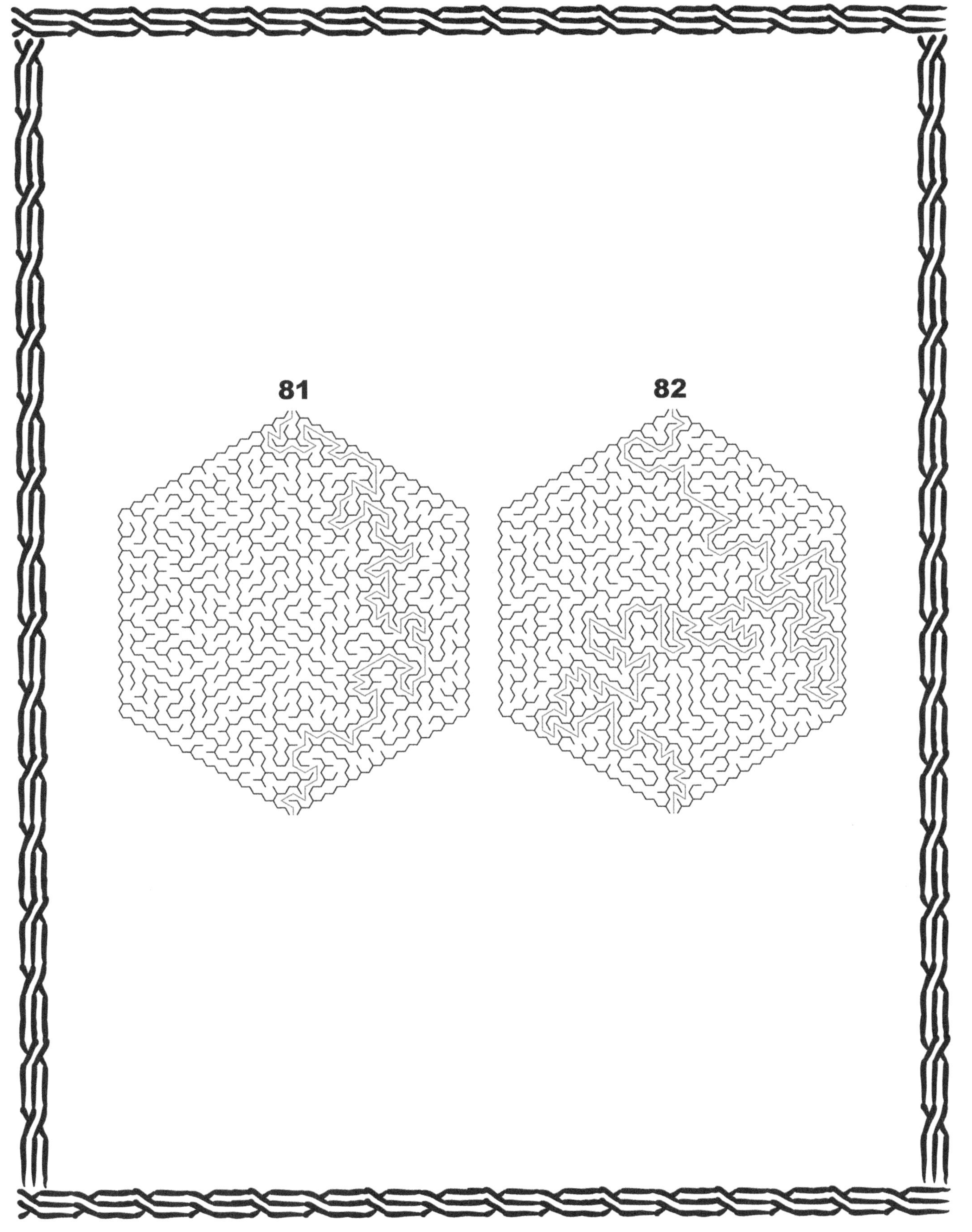
81
82

Made in the USA
Monee, IL
07 July 2026

56544404R00059